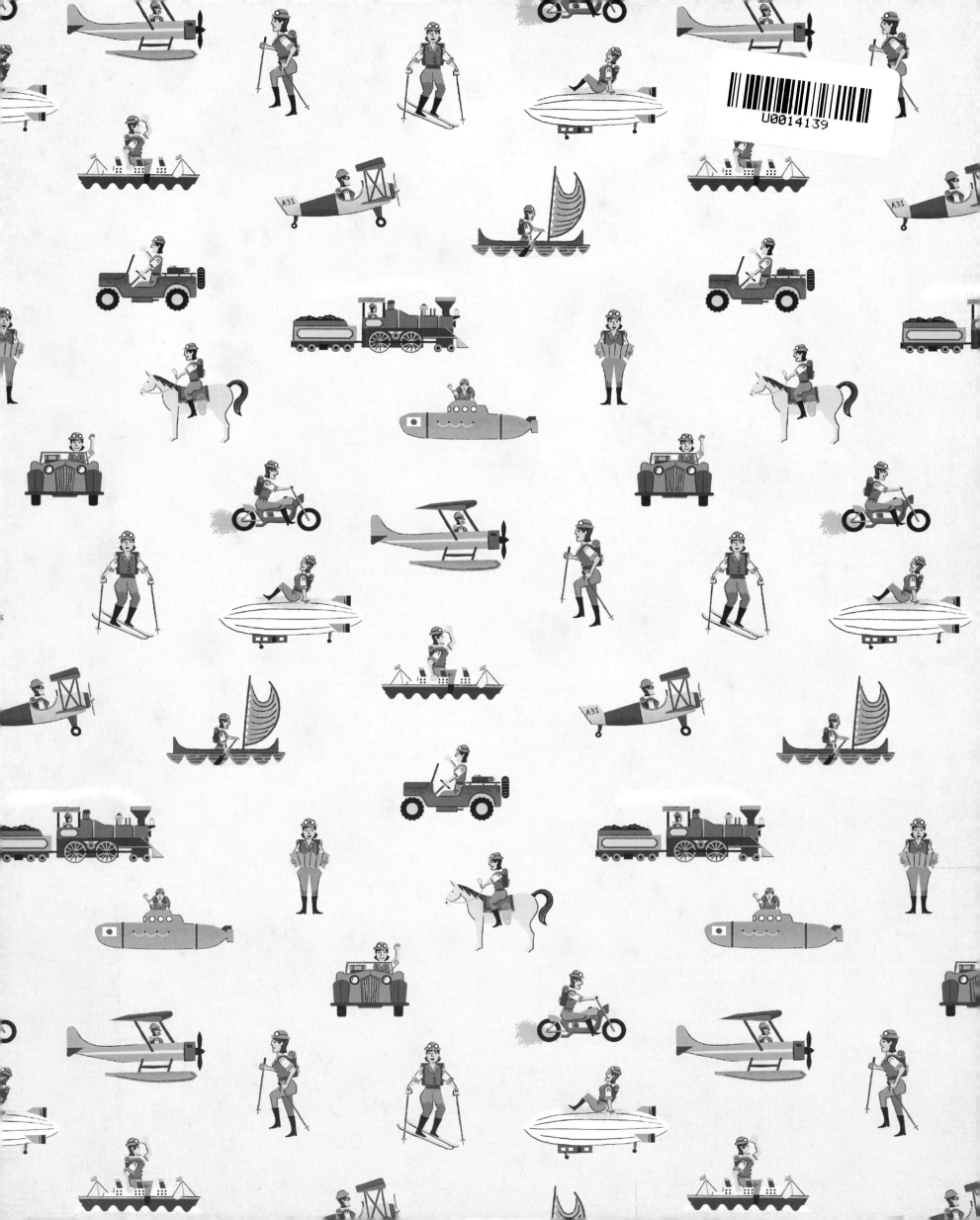

獻給等了我好久的未婚妻：準希爾太太。──史都華・希爾

獻給我的父母，你們就是我的英雄。──珊卓拉・勞倫絲

BIG PICTURE PRESS

First published in the UK in 2018 by Big Picture Press,
an imprint of Kings Road Publishing, part of the Bonnier Publishing Group,
The Plaza, 535 King's Road, London, SW10 0SZ
www.bonnierpublishing.com

Artwork copyright © 2018 by Stuart Hill
Text copyright © 2018 by Sandra Lawrence
Design copyright © 2018 by Kings Road Publishing

Printed in Malaysia

作者：珊卓拉・勞倫絲（Sandra Lawrence）
繪者：史都華・希爾（Stuart Hill）
譯者：微光、李宓
校對：魏秋綢
責任編輯：李宓
行銷企畫：陳詩韻
總編輯：賴淑玲
全書設計：黃裴文
社長：郭重興
發行人兼出版總監：曾大福
出版者：大家出版
發行：遠足文化事業股份有限公司
231 新北市新店區民權路108-2號9樓
電話 (02) 2218-1417　傳真 (02) 8667-1851
劃撥帳號：19504465 戶名 遠足文化事業有限公司
法律顧問：華洋法律事務所 蘇文生律師
ISBN 978-957-9542-69-2

定價650元
初版一刷 2019 年 7 月
◎ 有著作權・侵犯必究 ◎
──本書如有缺頁、破損、裝訂錯誤，請寄回更換──

國家圖書館出版品預行編目 CIP 資料

英雄地圖 / 珊卓拉.勞倫絲(Sandra Lawrence)著；史
都華.希爾(Stuart Hill)繪；微光. 李宓譯. -- 初版. --
新北市：大家出版：遠足文化發行, 2019.07
　面；　公分
譯自：The atlas of heroes
ISBN 978-957-9542-69-2(精裝)

1.妖怪 2.通俗作品

280　　　　　　　　　　　　　　　　108002327

英雄地圖

世界各地的偉大人物——
阿基里斯、貝奧武夫、大尖哥與水社姊等等

珊卓拉·勞倫絲 著

史都華·希爾 繪

微光、李宓 譯

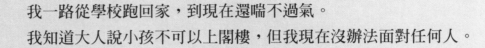

我一路從學校跑回家,到現在還喘不過氣。
我知道大人說小孩不可以上閣樓,但我現在沒辦法面對任何人。

瑪蒂亞老師怎麼可以這麼對我們?
她竟然要我們在學期末上台演講,還是在所有人面前!我不敢再想下去了!

班上同學都在討論他們想要講的內容,他們都懂好多!
有些人甚至想法多到不知道該選哪一個。

山德一直說他的演講肯定是最棒的。
珮翠就更不用說了,她超級聰明,無論說什麼都頭頭是道,像是在報新聞一樣。

我完蛋了。我一定會結巴,然後忘詞,像笨蛋一樣。我到底要講什麼?

算了,隨便啦,反正不管我選什麼主題,我都會出糗,而且一定很無聊。
我的舌頭會打結,大家會翻我白眼。天哪,放過我吧。

我必須逃跑,離開這裡,遠離山德、珮翠和所有人。
沒有人懂我,尤其是爸和媽。我要收拾行李,離開這裡。

後記：

我剛剛發現一件很酷的事！

我終於發現，在我發愁的這段期間，我一直坐在舊行李箱上，行李箱蓋滿灰塵，還被寬行李束帶緊緊綁著。我本來在想，我可以用這箱子來裝行李，所以就把它拖了出來。

箱子上貼滿奇怪的貼紙，可惜都褪色了，看不出來寫了什麼。不過行李吊牌還在，上頭寫著：海蓮娜・賽德里。

家裡從來沒有人願意談曾姑婆海蓮娜的事。曾經有人稱她「可憐的海蓮娜」，但當我追問柯希瑪阿姨時，阿姨卻說那是個悲傷的故事，至於為什麼悲傷，她也不知道。事實是，沒有人知道，或者就算他們知道，也沒有人願意告訴我。我耐不住好奇，決定要來偷看。

箱子裡有一件羊毛背心、一頂飛行帽、一副破掉的護目鏡，還有好幾捆紙。紙上的字和圖都是海蓮娜一筆一畫記下的，角落還有她的簽名。

原來海蓮娜是 **探險家**！她畫了好多世界各地的精美地圖，而且還附上她的旅行見聞和新發現。

海蓮娜的故事到底哪裡悲傷？看起來明明就很刺激。

我要暫緩我的逃跑計畫，我必須先讀一讀海蓮娜的地圖。我打算在每天放學後偷溜上閣樓，直到全部讀完為止。有一件事我很清楚：曾姑婆海蓮娜是我知道最有趣的人。這件事我不會告訴任何人。

愛莉西亞・葛塔奇

備註：地圖上有些地方我看不太懂，海蓮娜畫了一堆奇怪的符號。

女性專用候船室
雅典渡輪碼頭

◇◇◇◇◇◇◇

我是海蓮娜・賽德里，今年19歲，今天是我冒險的第一天。我在此發誓，從現在開始，我會忠實記下我所看到的一切事物。我拋下了家人和朋友，這本筆記就是我最忠誠的旅伴。

我很喜歡喬治，但我並不愛他。今天早上，他穿著一身可笑的衣服，帶著雇來的曼陀林樂團，跑到我的窗戶外面。看到他的時候，我差點昏倒。

我的家人居然逼我下樓，讓他當著所有人的面跟我求婚，真是不敢相信。不過我想，他也沒料到我會拒絕。奶奶在我還小的時候，跟我說了很多古希臘的英雄故事。這些英雄、戰士、探險家和旅人勇敢地對抗怪物，他們的故事非常吸引我。但是，當我立志長大以後要當英雄時，奶奶竟然笑我。她問我為什麼想在全世界的人面前丟人現眼。

我今天在整個村子前出了洋相，說真的，「在全世界的人面前丟人現眼」聽起來還比較好。我知道喬治很受傷，我的家人很生氣，但我才不會因為大家都在結婚，就跟著結婚。

奶奶說，只有男生才會冒險。我好像可以聽見她在我耳邊說：「傑生是男生；海克力斯是男生；奧德修斯也是男生。妳以為妳能跟他們一樣嗎？」我越想越覺得：「為什麼不能呢？」我要盡可能去到最遠、最遠的地方，尋找各地的英雄，裡頭肯定有幾個是女生。

我偷偷拿走了床墊下的結婚聘金，等到爸媽發現的時候，我早已經遠走高飛了。我用這筆錢買的第一樣東西是飛行背心。背心是羊毛做的，質感很好，也很適合我。我把剩下的錢縫在背心的內裡。

我沒有留紙條給家人，反正他們永遠不會理解我的決定。

海蓮娜·賽德里

奇怪的事發生了。我在碼頭的候船室等待登船，這時，一個形跡怪異的老太太朝我走來，塞給我一張紙條，然後就消失了。紙條上寫了一堆我從沒看過的詭異文字：

我不知道這些符號是什麼意思。

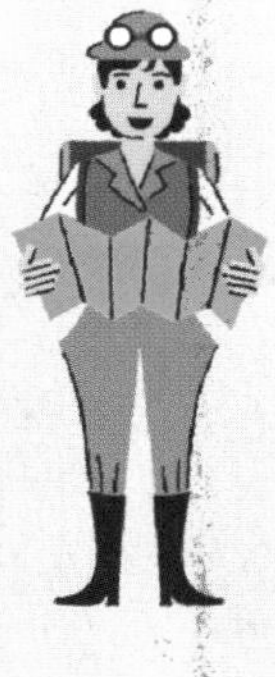

目　錄

在往後幾年，我需要這本日記給我鼓勵。

以下是我即將拜訪的地方，我會把旅行中聽到的英雄故事記錄在各個章節。

◇◇◇◇◇◇◇◇

海蓮娜真的去了這些地方嗎？
自己一個人？

——愛莉西亞

希臘

科索沃 塞爾維亞 保加利亞

馬其頓

5.柏勒洛豐

阿爾巴尼亞

8.特洛伊木馬

希臘

4.希波呂忒

希波呂忒的姊妹彭忒西勒亞為了替赫克特報仇，參加了特洛伊戰爭。

2.潘妮洛普

土耳其

愛琴海

7.傑生

愛奧尼亞海

3.海克力斯

地中海

克里特島（希臘）

1.奧德修斯　奧德修斯和船員被一種叫做「鳥身女妖」的恐怖怪鳥攻擊。

6.忒修斯　公主阿麗雅德妮借忒修斯一個線團，讓他走出迷宮。

12

希臘

大家都說，我出生的這個地方曾經住了歷史上最偉大的英雄。奶奶跟我說過荷馬史詩裡《伊里亞德》和《奧德賽》的故事。這些故事描述人們對抗惡魔、怪獸的經過，以及天神之間的戰爭。

1. 奧德修斯： 奧德修斯在特洛伊戰爭結束後，曾經有過一番冒險。荷馬把這些故事寫在《奧德賽》裡。奧德修斯為了返回故鄉伊薩卡，在外流浪十年，對抗暴風、怪獸、巫術、船難，以及天神的作弄。

2. 潘妮洛普： 皇后潘妮洛普在奧德修斯離家期間，代為掌管伊薩卡。在位的這幾年，不斷有追求者前來求愛，想要與她結婚，好搶走王位。不過，潘妮洛普把他們全趕跑了，她說：「等我織完這張毯子，我就會選擇新的丈夫。」每天白天，潘妮洛普都認真地織布，但到了晚上，就把織好的地方全部拆開。她不斷重複這個過程，直到奧德修斯返家為止。

3. 海克力斯： 海克力斯還是小嬰兒的時候，就用手掐死了兩條大蛇，證明自己力大無窮。勇敢、強壯又堅定的海克力斯拯救了底比斯城，國王因此把女兒許配給他。可是後來，海克力斯因為發瘋，誤殺自己的家人，必須通過十二項考驗，作為懲罰。他擊退怪物，馴服猛獸，最後終於重獲自由。

4. 希波呂忒： 希波呂忒是亞馬遜女王，領導一群勇猛的女戰士。後來，希波呂忒被忒修斯綁架，亞馬遜人於是向希臘宣戰。還有一次，希波呂忒把自己的腰帶借給海克力斯，這個舉動惹毛了天神希拉。希拉醋勁大發，騙亞馬遜人說希波呂忒又被綁架了，就因為這樣，兩方又打了一仗。

5. 柏勒洛豐： 傳說呂基亞的國王名叫伊俄巴特斯，他派柏勒洛豐去殺噴火怪物「獅面蛇尾羊」。天神雅典娜知道後，把魔法飛馬「佩加索斯」借給柏勒洛豐，讓他騎著飛馬，先是殺死怪物，接著又展開許多冒險。

6. 忒修斯： 克里特之王米諾斯每年都會從雅典找年輕男女來當作祭品，餵給住在大迷宮裡、半人半牛的怪物「彌諾陶」。忒修斯自願犧牲，並且成功殺死怪獸。最後則靠著國王女兒阿麗雅德妮給的毛線球，順利逃出迷宮。

7. 傑生： 傑生的邪惡叔叔奪走了他的王位。於是，傑生組了一支叫做「阿爾戈」的勇猛兵團，出發尋找神祕的金羊毛。歷經一番冒險，傑生總算駕船抵達科爾基斯。在科爾基斯，女魔法師美狄亞幫助傑生取得金羊毛，並奪回王座。

8. 特洛伊木馬： 特洛伊城的王子帕里斯因為綁架希臘國王梅涅勞斯的太太海倫，引發希臘與特洛伊之間的戰爭。荷馬把這個故事收錄在史詩《伊里亞德》中。特洛伊戰爭牽扯的英雄不只這些，我把他們整理在右邊的列表。

> 我得用手機查資料，才能看懂海蓮娜寫的某些東西，像是「史詩」。史詩是一種很長的詩，記錄對某些人，或某個國家來說很重要的英雄事蹟。
>
> ——愛莉西亞

這些偉大英雄的事蹟確實非常了不起，但女英雄仍只有希波呂忒一位。潘妮洛普也很勇敢沒錯，但她一直待在家裡。換作是我，絕對受不了！

今天晚上離開家的時候，我既生氣又屈辱。不過現在，我坐在渡輪上，看著舷窗外越來越遠的雅典城，我才意識到，喬治傻氣但甜蜜的求婚不過是壓垮駱駝的最後一根稻草，我離家是遲早的事。

有人在長椅上亂塗鴉，這些符號看起來非常奇怪：

ΙΚΚϟ

ϷϺVᑕƆXϺƆϹ

ᑕᑕX

ᕼᕼᑕVᑕᗡϞᑕ

真好奇這是什麼意思。

> 這些符號看起來跟海蓮娜先前在碼頭上收到的紙條很像！
>
> ——愛莉西亞

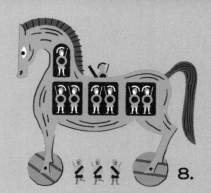

特洛伊戰爭

希臘聯軍攻到特洛伊城下，圍城十年，卻無法攻破城牆。後來，奧德修斯想出一個計畫，他們建造一隻巨大的木馬，並在底下裝上輪子。接著，他們把木馬留在特洛伊城的門口。好奇的特洛伊人把木馬拖進城。到了晚上，躲在木馬肚子裡的希臘士兵全都偷偷溜出來，殺死特洛伊士兵，成功占領特洛伊城。

希臘英雄

阿伽門農： 希臘聯軍的統帥。

梅涅勞斯： 海倫的先生，不過後來海倫愛上其他男人。

阿基里斯： 最勇敢的希臘戰士。刀槍不入，唯一的弱點在腳踝。

帕特羅克洛斯： 阿基里斯最要好的朋友。

艾阿斯： 僅次於阿基里斯的第二勇將。曾與赫克特對戰。

戴奧米迪斯： 阿各斯城的國王，在戰爭期間統率八十艘船。

奧德修斯： 勇敢、聰明，又機伶。故事收錄在《奧德賽》中。

涅斯托爾： 皮洛斯的老國王。

特洛伊英雄

普里阿摩斯： 特洛伊王。

帕里斯： 特洛伊王子。

赫克特： 既是特洛伊王子，也是全城最偉大的戰士。

伊尼亞斯： 作戰技巧、英勇程度都輸給赫克特。請見第52頁。

赫庫芭： 特洛伊王后，最終光榮戰死，成為傳奇。

卡珊德拉： 特洛伊公主。受到詛咒，具有特殊天賦，可以看到未來，但沒有人相信她。

我在這裡看了一齣關於卡拉格茲和哈西瓦特的皮影戲。

喬治亞

土耳其

亞美尼亞

3. 克羅古

4. 沙遜的大衛

1. 卡拉格茲和哈西瓦特

2. 阿凡提

敘利亞

賽普勒斯

5. 芝諾比亞

黎巴嫩

地中海

約旦河西岸地區

以色列

6. 勇者薩力

7. 亞希夸

亞希夸曾說：「言語就像鳥：一旦釋放，就無法追回。」

加薩

喬丹

伊拉克

16. 莎赫薩德

埃及

8. 鳩格米西

14. 安塔爾

紅海

蘇丹

中東

厄利垂亞

衣索比亞

15. 女王示巴

亞塞拜然

裏海

烏茲別克

土庫曼

12. 女戰士葛夏

伊朗

11. 魯斯坦姆

9. 薛米拉米絲

阿富汗

10. 勾達法麗德

巴基斯坦

巴林

卡達

阿拉伯聯合
大公國

17. 阿荷馬德

W=N

沙烏地
阿拉伯

阿曼

阿拉伯海

13. 女王撒芭

葉門

18. 水手辛巴達

芝諾比亞的傳說好像是由真實歷史人物演變而來。不知道海蓮娜還記錄了哪些像這樣的傳奇人物。

——愛莉西亞

中東

我搭著渡輪來到聖托里尼。傳說，失落的城市亞特蘭提斯就藏在這片海底下。我在聖托里尼遇到一位漁夫答應帶我去土耳其，他讓我在忙亂的古城波德倫下船，迎面走來的人說著各種不同的語言，生活方式也大不相同。

天哪，我到底在幹麼？在親眼見到這些傳奇的城市之前，一切聽起來是那麼刺激，但現實卻令人害怕。這樣下去可不行，這些英雄都勇敢地去冒險，我一定也要做到！

1. 卡拉格茲和哈西瓦特：哈西瓦特是土耳其經典皮影戲裡的英雄。他沒受過教育，粗魯又毛躁，不願放棄各種快速致富的荒謬詭計，但每一次都失敗。他的詩人朋友卡拉格茲雖然自以為是，但至少有點教養。卡拉格茲用盡方法，想讓哈西瓦特文雅一點。

2. 阿凡提：土耳其最有名的騙子，民間流傳許多他惡作劇的故事。有一次他向人借了一個大鍋，歸還時，卻拿來一個小鍋。鄰居問他原本的鍋子在哪裡，阿凡提說這個小鍋是原先大鍋生下的孩子，大鍋正在休養。不久後，鄰居又來找阿凡提，想要取回大鍋，但阿凡提卻告訴他：「大鍋不幸過世了。」

3. 克羅古：克羅古的爸爸被壞心的地主弄瞎了眼睛，於是，克羅古帶著父親和兩匹魔法馬兒離開村莊。旅行到一半，他在魔法泉水中泡澡，意外獲得作詩的天賦。不過，他從來不曾忘記故鄉的窮苦村民。這位吟遊詩人的故事出現在亞塞拜然、土庫曼和土耳其的民間傳說中。人們說，克羅古以山頂為基地，對抗邪惡勢力。

4. 沙遜的大衛：傳說，巨人大衛有超人般的力氣。他的故事從8、9世紀就開始流傳，但一直到1873年才有亞美尼亞人把他的事蹟寫成史詩《沙遜的大衛》。大衛的故事有許多版本，有人說他趕跑了偷東西的壞人，也有人說他懲罰了貪心的稅務員，並出手幫助窮苦的農夫。

5. 芝諾比亞：傳奇人物芝諾比亞其實是敘利亞的女王。她不甘心藏在兒子背後，替他處理國事，更不喜歡聽命於羅馬帝國。因此，她替自己取了帕邁拉女王的稱號，征服埃及地區的羅馬人，以及大部分的小亞細亞地區。可惜到了最後，她還是被抓回羅馬，死於西元274年。

6. 勇者薩力：窮困但受人尊敬的薩力愛上了阿塔芭，但是阿塔芭的爸爸卻想盡辦法要阻止這門婚事。薩力為了完成阿塔芭父親的要求，旅行到很遠、很遠的地方。薩力的舉動深受埃及國王的賞識，這位國王決定出錢幫小倆口舉辦婚禮。這個故事來自巴勒斯坦的民間傳說。

7. 亞希夸：年老但有智慧的亞希夸被姪子誣陷，遭亞述帝國（屬於美索不達米亞文明，興盛於西元前3000－500年的中東地區）的國王判處死刑。亞希夸為了活命，只好逃離美索不達米亞地區。不久後，埃及法老要求在亞述蓋一座空中花園，亞希夸完成任務，也重新獲得國王的喜愛。亞希夸的箴言至今依然很有名。

8. 鳩格米西：《鳩格米西史詩》是現存最古老的文學作品。人們在中東地區找到許多陶板，雖然不完整，但可以看出上頭記載了鳩格米西王的故事。傳說，他踏上一段危險的旅程，只為了更了解大洪水，並尋找能夠永保青春的魔法藥草。

9. 薛米拉米絲：薛米拉米絲的年輕兒子即將繼位為國王，但薛米拉米絲自己拿下了王位。有人說，她是古美索不達米亞文明中，亞述帝國唯一的女性統治者。我們對她的生平了解不多，但傳說，她主導了很多了不起的建築計畫，而且還在戰爭中身先士卒，親自帶領士兵殺敵。

10. 勾達法麗德：波斯史詩《列王紀》裡的伊朗女英雄。她有智慧，又無所畏懼。這位女英雄很氣自己的國王打了敗仗，於是決定自己出征。

11. 魯斯坦姆：英雄魯斯坦姆的故事在土耳其、伊朗、阿富汗等地廣為流傳。傳說，這位偉大的戰士跟樹一樣高。他橫越含有劇毒的沙漠，擊退雄獅、巨龍、邪惡巫師及白魔鬼。雖然魯斯坦姆的力氣很大，但他往往靠著智慧取勝。

12. 女戰士葛夏：葛夏是魯斯坦姆的女兒，故事被寫成一首長達九百句的史詩。她曾多次冒險，從惡靈手中救出魔靈國王，還曾經跟自己的愛慕者打架，甚至拒絕接受父親指定的結婚對象：基夫，直到基夫對她釋出善意，葛夏才願意接受他。

13. 女王撒芭：撒芭是伊拉克南邊「拉珂赫姆」王國的女王。扎迪馬國王殺死了她的父親，憤怒的撒芭於是邀請扎迪馬來作客。扎迪馬一抵達，撒芭立刻把他抓住。可惜到了最後，撒芭被扎迪馬的手下報復，喝毒藥死去，而不是光榮地戰死在敵人手中。

14. 安塔爾：安塔爾是阿拉伯詩人，強壯又勇敢，還在搖籃裡的時候，就與野狼和大狗並肩作戰。只不過，他仍因為膚色備受歧視。安塔爾騎著馬兒「安駒」，佩有長劍「戴米」，完成許多任務。儘管如此，因為安塔爾是奴隸之子，所以無法跟愛人阿布拉結婚。兩人必須通過好多、好多考驗，才能夠在一起。

15. 女王示巴：女王示巴的故事出現在許多國家的傳說中，但我們對這位極其富有、神祕的女王了解並不多。她可能來自阿拉伯半島或衣索比亞。傳說，她曾經為了尋找「智慧」前往以色列，拜訪他們的國王：所羅門王，兩人都是非常有智慧的統治者。

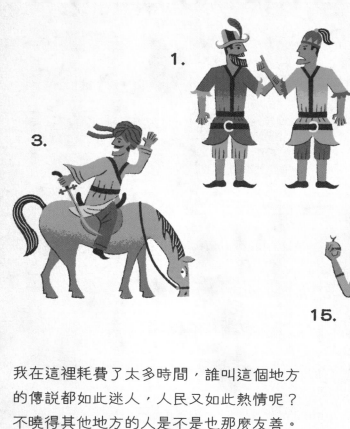

我在這裡耗費了太多時間，誰叫這個地方的傳說都如此迷人，人民又如此熱情呢？不曉得其他地方的人是不是也那麼友善。

今天是我在這裡的最後一天，明天我就要離開這美好的地方了。剛才，當我搭乘飛船橫越撒哈拉沙漠時（這是我第一次飛行！），下方的沙地出現了奇怪的符號：

ᚾᛟᛈᚷ ᚾᛈᚷ ᛁᚷᚲᚹᛏᚲᛁ

ᚷᚲᛈᚾᚷ ᛗᛁ

不知道這些符號是否有意義。

奇怪的線條又出現了。跟海蓮娜的各種經歷相比，這些符號看起來不太重要。

我對英雄的故事更感興趣。鳩格米西的傳說讓我想起聖經裡的「諾亞方舟」，以及希臘神話中，天神宙斯下令淹沒普提亞的故事。世界各地好像都有類似的傳說。

——愛莉西亞

一千零一夜

《一千零一夜》又稱《天方夜譚》，是非常有名的阿拉伯故事集。傳說，有位聰明的女性為了拯救自己和其他女人的性命，說了一個又一個故事。曾經有位蘇丹王，因為被愛傷透了心，決定每天都要與一個女孩結婚，並在隔天早上把她殺死，直到有位年輕女子出手阻止……

16. 莎赫薩德： 莎赫薩德密謀成為蘇丹王的妻子，並開始說故事給國王聽。國王很好奇故事的結尾，因此延遲了殺她的時間。莎赫薩德每說完一個故事，就立刻開始另一個故事。國王為了聽故事，每天都決定饒她一命。最後，國王愛上了莎赫薩德，不再每天娶妻。

莎赫薩德故事裡的英雄包括：

17. 阿荷馬德： 王子阿荷馬德陸續獲得幾樣具有魔力的東西，包括可以治療所有疾病的蘋果，以及一頂魔法帳篷，這頂帳篷小到可以塞進口袋，卻又大到可以容納整支軍隊。歷經一番冒險，阿荷馬德的誠實、勇敢及慷慨讓魔靈公主佩莉芭努深受吸引，兩人從此過著幸福快樂的日子。

18. 水手辛巴達： 《一千零一夜》中最有名的英雄人物。辛巴達曾七次出海航行，每次旅行一開始都很順利，但後來卻都不幸遇上船難。強盜、大鯨魚、巨人，甚至是名叫「大鵬」的巨鳥都曾侵擾辛巴達的旅程。不過辛巴達每次都用智慧打敗敵人，滿載而歸。

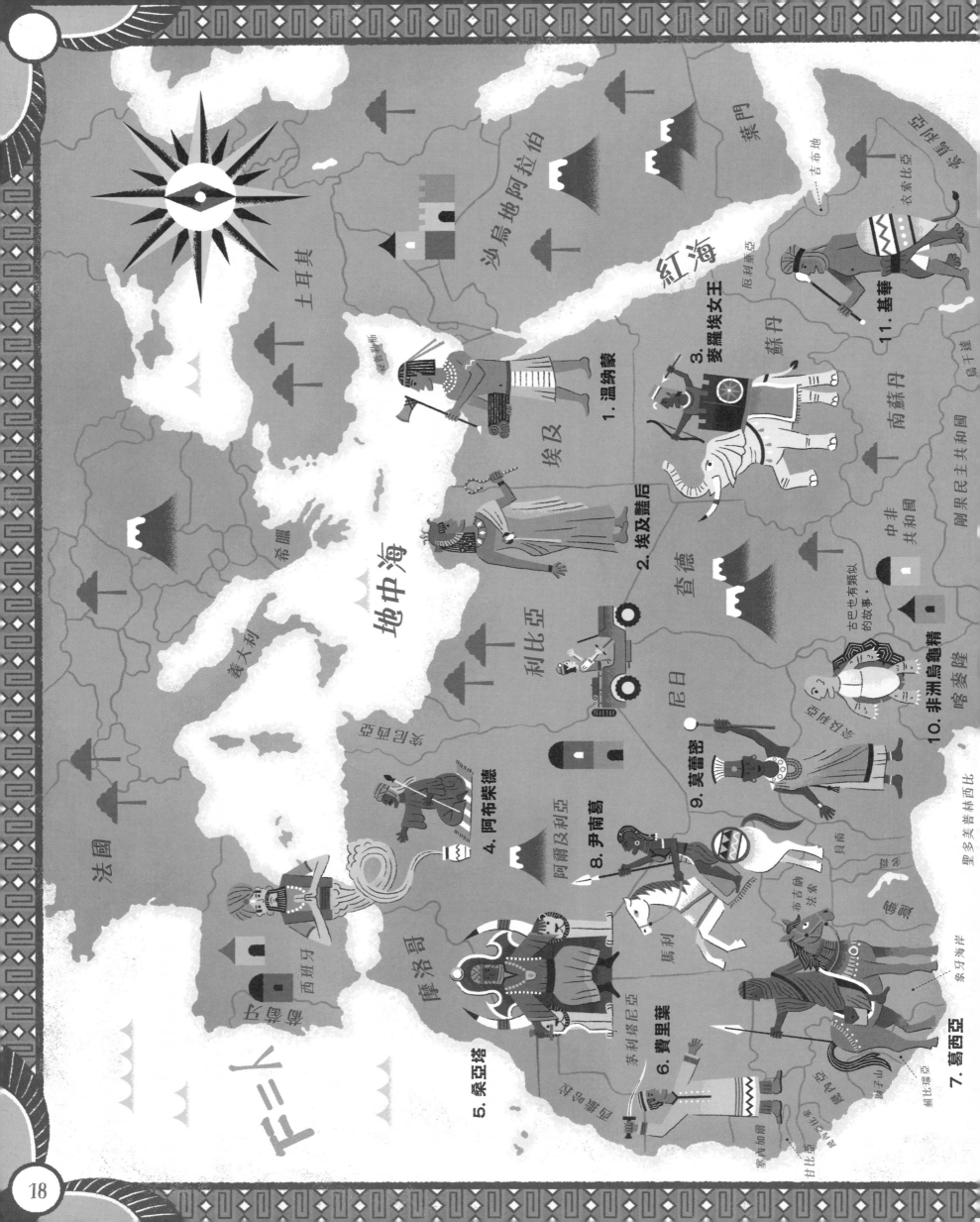

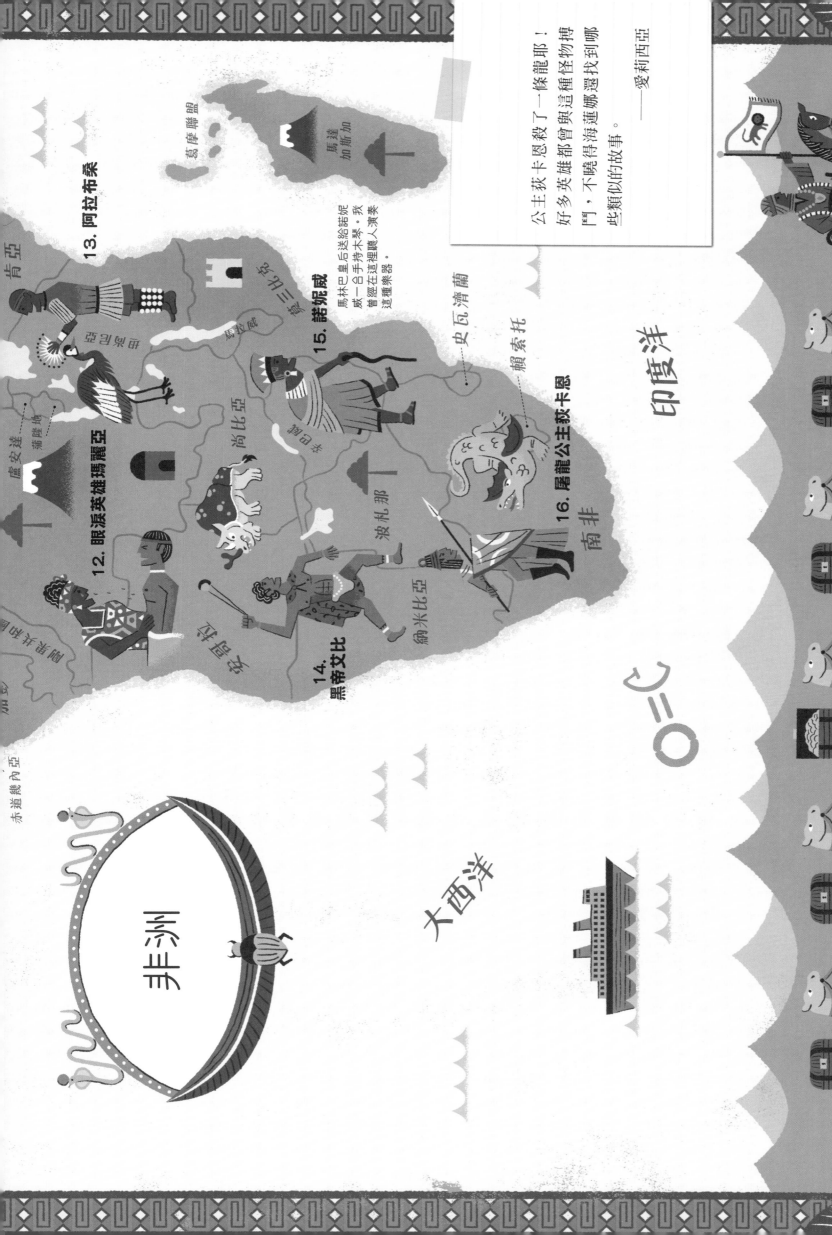

公主荻卡恩殺了一條龍耶！好多英雄都會與這種怪物惡戰博鬥，不曉得待海這裡聽人演奏這種類似的故事。
——愛莉西亞

13. 阿拉布桑

15. 諾妮威
馬林巴皇后后送諾妮威曾經持木琴。我在這裡聽人演奏這種樂器。

12. 眼淚英雄瑪麗亞

14. 黑帝艾比

16. 屠龍公主荻卡恩
南非

印度洋

非洲

大西洋

19

非洲

我向商人說了一個故事，她很喜歡，於是賣給我一輛相當堅固的車。我開著車橫越沙漠，來到非洲。我在這裡蒐集到的英雄故事來自許多不同的文化。雖然其中不乏戰士與鬥士的傳說，但也有不少靠智慧取勝的勇者。

1. 溫納蒙： 古埃及非常富有，盛產寶石與辛香料，但是他們缺少一樣東西，那就是木材。神廟祭司溫納蒙奉命駕船去尋找香柏，一路上展開許多冒險，最終完成使命返家，受到英雄般的熱烈歡迎。

2. 埃及豔后： 偉大的埃及豔后在西元前51－30年間統治埃及。她還活著的時候，就有許多關於她的傳奇故事。

3. 麥羅埃女王： 麥羅埃女王是頭銜，而不是指某一個人。統治庫什王國（位於今日的蘇丹）的所有偉大女性都叫做麥羅埃女王。這些女性統治者聰明又勇敢，既能夠在戰場上奮勇殺敵，也擅長調解談判。她們靠著聰明才智簽訂許多條約，讓國家免於戰爭侵擾。

4. 阿布柴德： 阿布柴德‧希拉利是11世紀貝都因「巴尼‧希拉爾」部族的傳奇英雄。他帶領族人從阿拉伯的內志前往突尼西亞。傳說，他曾在沙漠裡幫助一條蛇，而這條蛇其實是魔靈的化身。阿布柴德的故事在流傳了好幾世紀之後，終於被人寫成《希拉利史詩》。

5. 桑亞塔： 桑亞塔的故事也來自史詩，《桑亞塔史詩》記錄了西非馬利帝國（西元1230－1670年）的建國傳說。曾經有位算命師告訴英俊的國王梅根，他的第二個孩子會成為強大的國王。然而，國王的次子桑亞塔生下來卻不會走路。他不但受到眾人的嘲笑，甚至還被長相俊秀的親哥哥流放。桑亞塔非常努力地練習走路，也變得越來越強壯。後來，敵軍入侵馬利帝國，膽小的哥哥嚇得落荒而逃。反倒是桑亞塔，他回到自己的國家，拯救了人民，並成為國王。

6. 費里葉： 曾經有位母親生了十個兒子，這十個兒子都離開家，對美麗的十姊妹展開追求。沒想到，兒子離家之後，母親又生下一個兒子，也就是費里葉。費里葉個頭非常小，只有母親的小指頭那麼大。費里葉跑去警告十位兄長，他們想追求的女孩其實是女巫的孩子。費里葉的哥哥覺得這番話非常可笑，但費里葉還是用魔法救了他們。費里葉的故事來自西非模拉人的傳說。

7. 葛西亞： 高傲自大的葛西亞除了名聲和權力，其他什麼也不想要。他放任兒子在戰場上死去，還暗自希望自己的父親也能趕快死掉，如此一來，他才能成為國王。有天晚上，葛西亞找到一把魯特琴，並隨手撥弄了琴弦。這把魔法魯特琴開始演奏一首關於戰爭與失去的悲傷歌曲，葛西亞這才了解自己存在的意義。這個故事來自西非索寧克族的古老史詩。

8. 尹南葛： 尹南葛公主精通馬術與作戰，以至於她的父親不想把她嫁出去。尹南葛非常難過，因此種了一大片麥子，並放任作物腐爛。她希望藉此向父親傳達自己的心情，不料卻被關進大牢。後來，她騎著愛馬成功逃脫，並愛上非常有名的獵人。傳說，尹南葛的兒子就是布吉納法索「莫西王國」的開國君王。

9. 莫蕾密： 奈及利亞的約魯巴人曾經建立一座名叫伊非的古城，而莫蕾密就是伊非王國的女王。當鬼怪跑來村裡偷食物的時候，所有人都嚇得趕緊逃跑，只有莫蕾密留了下來，她想知道明明是鬼怪，為什麼需要吃東西。莫蕾密挺身對抗這群鬼怪，卻不幸被捉走。還好，她逃了出來並告訴村民，鬼怪根本就不是鬼怪，而是鄰近部落的暴徒。知道真相以後，村民才鼓起勇氣，擊退這群強盜。

10. 非洲烏龜精： 東非和西非都曾出現烏龜精的故事。不過，烏龜精還是最受奈及利亞的約魯巴人、埃多人及伊博人歡迎。烏龜精擅長運用智慧，或靠著騙術逃脫困境。這些故事經常以烏龜精殺害敵人作結。

11. 基華： 基華雖然又瘦又小，但他很努力想為自己的村莊付出。最後，瘦小的基華成為統治者，出兵征討鄰近地區，甚至還跟巨人打仗。正當基華開心慶祝勝利時，他突然意識到戰爭帶來了許多死傷和苦痛，從此再也不與人爭戰。

11.

12. 眼淚英雄瑪麗亞： 安哥拉有一個傳說：想要叫醒沉睡的王子，唯一的辦法是在他身上潑灑十一壺眼淚。瑪麗亞已經哭了十壺半，卻被迫暫停，以拯救奴隸少女卡茉蘇西。瑪麗亞累壞了，於是請卡茉蘇西哭滿最後半壺。卡茉蘇西喚醒了王子並與他結婚，瑪麗亞不得已只好成為卡茉蘇西的奴隸，直到她找到辦法證明事情的真相。

13. 阿拉布桑： 年老的阿拉布桑來自肯亞的尼安札省。他為了報答鶴群的救命之恩，送給每隻鶴一頂純金皇冠。然而，貪心的村民為了搶走皇冠，開始獵捕鳥兒，阿拉布桑只好把皇冠變成金羽毛。

14. 黑帝艾比： 村裡來了一隻長滿斑點的食人怪，牠不斷挑釁居民，要大家拿石頭丟他。突然間，一顆石頭奇蹟似地往回飛，砸死了怪物。原來是西南非「科伊科伊族」的英雄兼變形者黑帝艾比趁著怪獸不注意，丟出這顆關鍵的石頭。

15. 諾妮威： 諾妮威的眼睛看不到，而且還駝背，連自己的父親都不想要她。不過，諾妮威有個不為人知的祕密：她可以看到未來。諾妮威發現，自己的爸爸在馬林巴女王面前說叔叔的壞話，於是先一步跑去警告自己敬愛的叔叔。馬林巴女王很欣賞諾妮威的正直，於是出面懲罰諾妮威的父親，指派諾妮威為統治者。諾妮威的故事來自南非祖魯人的傳說。

16. 屠龍公主荻卡恩： 在南非傳說中，年紀輕輕的荻卡恩在父母死去後，將自私的兄弟檔拉拔長大。兩兄弟要求要穿「娜娜波利利」水龍做成的衣服，荻卡恩於是出發去屠龍，最後也成功完成任務。

15.

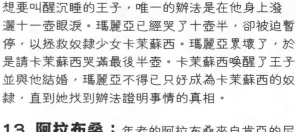

在非洲旅行的這段期間，我聽到許多令人難以置信的有趣傳說，而且其中有不少勇敢女性的故事，讓我非常開心。不過，一想到接下來又要踏入未知的世界，我就很緊張，一直待在同個地方容易多了。

前陣子，我在電視上看了一部關於埃及豔后的好萊塢電影。那部電影好長，足足演了好幾個小時！埃及豔后後來愛上羅馬將領馬克‧安東尼，可惜最後兩人雙雙死去。直到今天，人們還是不斷以古老傳說為題材，創作新的故事。

——愛莉西亞

昨天晚上，我在火堆旁聽人家說荻卡恩的故事，聽著聽著就睡著了。醒來的時候，天已經亮了，身邊的人都已經走光，只剩我一個。火堆燃燒的灰燼形成以下奇怪的形狀：

ᛯᚳ ᚢᚳᚷ ᛆᚳᚱᚻᚳ ᚾᚫᚹᚷ
ᛏᛁ ᚢᚳᚾ

我好像看過類似的符號，但不知道那是什麼意思。直覺告訴我應該想辦法解開這些密碼。明天，我就要橫越印度洋，這是我到目前為止最長的一段航程！

海蓮娜似乎認為這些符號很重要，但在我看來，那就只是歪七扭八的線條而已。不過，不管怎樣，海蓮娜的勇敢都是不可否認的，她已經離家好遠、好遠了。

——愛莉西亞

埃及豔后：真實 vs 傳說

就像其他「真正的」英雄一樣，我們永遠不會知道埃及豔后克麗奧佩卓七世的真實故事。她是埃及最有名的皇后，好幾世紀以來，埃及豔后的故事被世界各地的詩人、劇作家和說書人不斷傳誦。其中某些故事是真的，某些則經過加油添醋，好讓故事聽起來更夢87。甚至連一些專業史學家也會為了讓故事更符合當代讀者口味，而誇大事蹟，或自己創作新的故事。

埃及豔后的敵人（尤其是古羅馬人）到處散布謠言，說她生活奢侈，喜歡用母驢的奶泡澡、搭乘黃金打造的船，甚至曾經用醋溶解昂貴的珍珠。但埃及豔后的支持者則有自己的故事，他們讚揚皇后的美貌和軍事能力。不管真相是什麼，多數人都同意，埃及豔后非常聰明，對外交也很有一套。她和羅馬帝國維持著既合作又對立的巧妙關係。

1. 拉加・拉薩盧

中國

把卡娜姆變成蟾蜍的巫師看到自己的法術失效，氣得創造出史上第一次日食。

6. 卡娜姆

不丹

尼泊爾

8. 大山神與金面女神

巴基斯坦

緬甸

孟加拉

寮國

印度

孟加拉灣

泰國

2. 阿朱那

我拜訪了艾加維拉神廟，傳說魯德拉馬女王每天都在這裡祈禱。

3. 哈奴曼

9. 誠實的樵夫

4. 魯德拉瑪德維女王

阿拉伯海

5. 小丑拉曼

斯里蘭卡

7. 蘇波羅迦

南亞與東南亞

印度洋

臺灣

13.
大尖哥與水社姊
邵族族人帶我去看了曾經是大尖哥和水社姊的山丘。

南海

10. 阿茉拉德維

越南

柬埔寨

14. 拉姆昂

菲律賓

菲律賓海

托拉查人在高高的屋頂下跟我說了許多關於安納以路的故事。

汶萊

11. 漢都亞

馬 來 西 亞

新加坡

12. 強瓦那拉

15. 安納以路

16. 林姬妲

東帝汶

印 度 尼 西 亞

南亞與東南亞

我曾經在書裡讀過，這片土地上有神聖的高山、茂密的雨林、忙碌的市集，還有寧靜的寺廟，聽起來是如此美好。但是，如果現實跟想像不同，那怎麼辦？要是我連到都到不了，那怎麼辦？萬一這個地方真如傳言一般危險，那又怎麼辦？或許，不鼓起勇氣去追求夢想，就永遠不會知道！這裡的英雄既強壯又敢於挑戰，真希望我也能像他們一樣。

1. 拉加·拉薩盧： 英雄拉加·拉薩盧的故事來自印度旁遮普地區。傳說，他的父母不願意正眼看他，害他誤以為自己不受爸媽喜愛。其實，他的父母之所以這麼做，是為了避免詛咒成真。怒氣沖沖的拉加·拉薩盧於是騎著魔法駿馬，帶著會說話的鸚鵡，踏上冒險的旅程。一路上，他打敗各種怪物、殺死巨人、擊潰敵軍，還拯救了受難的小貓。在他與凶殘暴君比賽擲骰子時，一隻曾經受他幫助的小貓暗地幫忙他贏得比賽。

2. 阿朱那： 阿朱那是《摩訶婆羅多》般度族五兄弟之一，以高明的箭術和對冒險的渴望出名。俱盧族因為在骰子大賽中作弊，使得阿朱那五兄弟落敗，被迫流亡，十三年後才返國，奪回故土。

3. 哈奴曼： 《羅摩衍那》中最有名的猴子英雄。哈奴曼帶領猴子軍團及英雄羅摩一同對抗邪惡的國王羅波那。羅波那曾經點火想要燒了哈奴曼的尾巴，但這位猴子將領卻用這把火燒光了敵人所在的楞伽城。

4. 魯德拉瑪德維女王： 13世紀南印度「卡卡提亞王朝」的國王加那帕梯因為沒有兒子，所以打算讓女兒魯德拉瑪德維繼位。這個想法受到貴族強烈反彈，但國王不為所動，堅持舉辦典禮，立魯德拉瑪德維為王，並宣布兩人將共同治理卡卡提亞王朝。加那帕梯過世之後，魯德拉瑪德維便獨自治理國家。她在戰場上率軍親征，保衛國土。

5. 小丑拉曼： 小丑拉曼的本名是泰納利·拉曼，他的故事出現在南印度許多傳說當中。有一次，拉曼見到多頭女神卡里，他一看到卡里就開始大笑。女神生氣地問他有什麼好笑，拉曼回答：「我在想，妳感冒的時候要怎麼擤鼻涕？」卡里女神聽到也笑了出來，決定送他一樣禮物：真實之奶或財富優格。沒想到，拉曼把兩個碗都搶了過來，快速吞下裡頭的食物。

6. 卡娜姆： 卡娜姆的故事來自印度北部卡夕人的傳說。卡娜姆年紀還小的時候，就被老虎綁架，受小老鼠幫助才得以逃脫。脫身後不久，又被邪惡巫師變成蟾蜍，並在奇怪的藍王國裡迷了路。幸好，卡娜姆遇到一位王子，王子的母親用火燒掉卡娜姆身上的蟾蜍皮，順利解除詛咒。

7. 蘇波羅迦： 印度流傳許多天才盲眼水手蘇波羅迦的故事。傳說，他的駕船技巧高超。曾經有一次，他駕著滿載貨物的商船度過重重危機。即使場面超出蘇波羅迦的控制，他的善心和虔誠也讓船隻受到庇佑，安全返家。

8. 大山神與金面女神： 大山神原本是鐵匠，力氣非常大，令暴君丁里姜十分嫉妒，因此下令要士兵殺了他。大山神逃出國，國王於是逼大山神的妹妹「金面女神」嫁給他，以此作為威脅，要大山神乖乖回國。這位年輕鐵匠一回國，就被國王抓去，活活燒死。大山神的妹妹後來也跟著跳入火堆，雙雙成為波巴山的樹精，直到今天還相當受人敬重。

9. 誠實的樵夫： 曾經有位窮困的樵夫在經過小河時，不小心弄掉了斧頭。他趕緊向樹精祈禱，請神靈幫幫忙。突然間，精靈出現了，祂手上拿著一把金色的斧頭，精靈問：「這是你的斧頭嗎？」樵夫說那不是他的斧頭，另一把閃閃發亮的銀斧頭也不是他的，他掉的只是一把普通的舊斧頭。精靈為了獎勵他的誠實，把三把斧頭都送給了樵夫。

10. 阿茉拉德維： 曾經有四位邪惡大臣合力趕走了柬埔寨公主阿茉拉德維的先生，因為他們都想把公主娶回家。阿茉拉德維知道這四人會輪流來自己的房間，設法贏走她的心，於是她就在房裡挖洞，並在裡頭填滿泥巴和糯米。大臣果真紛紛來到公主的房間，而且都在離開時順手偷走值錢的珠寶。偷了東西的大臣一個個掉進活板門，摔進洞裡。隔天一早，阿茉拉德維帶著國王來到自己房間，讓他看看這群貪心又邪惡的傢伙。

1.

6.

7.

8.

10.

3.

11. 漢都亞：漢都亞雖然是窮困的樵夫之子，但年僅十歲就很有出息，在知名大師門下學習冥想及防禦術。漢都亞後來也十分受人敬重，成為偉大的軍事將領、外交使者及海軍司令。傳說，15世紀時，他曾居住在馬來西亞的麻六甲市。

12. 強瓦那拉：曾經有人預言，國王的兒子長大後會成為弒君者。國王害怕預言成真，於是下令淹死自己剛出生的兒子。一位僕人救了寶寶，強瓦那拉平安長大，成為有名的鐵匠。國王認出眼前的鐵匠就是他的兒子，便假裝請他打造鐵籠，打算把他淹死。不過，強瓦那拉卻把國王騙進籠，接著眾人把籠子丟進水中，改立強瓦那拉為王。這個故事來自印尼爪哇地區的巽他族。

13. 大尖哥與水社姊：日月潭的傳說來自臺灣邵族的原住民民間故事。傳說有一天，村裡的太陽和月亮突然不見了。勇敢的大尖哥與水社姊決定出發去尋找失落的日月。他們發現，原來是有兩條龍把太陽和月亮拿去當球玩了。兩人從巨龍手中搶回日月並放回天空，接著便站在下方靜靜守護，幾年之後，兩人都變成了高山。

14. 拉姆昂：史詩《拉姆昂的一生》在菲律賓伊洛加諾人之間流傳。沒有人知道這首詩到底是誰寫的，可能是某位詩人，也可能是大家口耳相傳好幾世紀的傳說故事。拉姆昂天生就有像超人一樣的大力氣，他選擇的戰友也很不尋常：一隻能用鳥嘴摧毀一切的公雞，以及一隻能用叫聲修復所有物品的狗狗。

15. 安納以路：安納以路是印尼蘇拉威西島上托拉查人的漁民英雄。安納以路的繼父因為嫉妒，經常偷取安納以路魚網上的漁獲。但每偷一次，安納以路的魚網就會出現更值錢的魚。後來，繼父索性把魚網丟到樹上。年輕力壯的安納以路在爬上樹準備取下魚網時，遇見一位住在太陽上的少女。少女送他一只魔法戒和一個籃子，這個籃子會冒出源源不絕的漁獲。安納以路把這些魚送給其他人，人們因此拱他為王。

16. 林姬妲：當林姬妲決定嫁給袋貂（一種有袋動物）的時候，她的八個姊姊都嘲笑她。不過林姬妲並不在意，因為袋貂既體貼又善良。後來，她發現自己嫁的袋貂其實是名叫庫索的年輕男子，因為被施了魔法才變成動物，林姬妲高興極了。不料，姊姊們因為嫉妒，打算用長髮吊死林姬妲，幸好庫索即時救了她，並揭露姊姊的惡行。這個故事也來自印尼的蘇拉威西島。

這片綠樹環繞的富裕土地上有許多古老戰士的傳說，英雄們也都機伶又迷人，但我不能停下腳步。人們說，喜馬拉雅山的另一頭還有更多驚奇的故事在等著我。不過，這也意味著，如果想要知道那些故事，就必須先越過重重高山！今天傍晚的時候，我在山腳下發現一座廢棄的寺廟，破舊的旗幟在強勁的東風吹拂下不斷擺動。其中一面旗被風吹到我的腳下，上頭印著這些符號：

11.

12.　16.

14.

我以為那些符號是海蓮娜自己想像出來的，但我剛才卻在飛行背心的口袋裡找到一面旗子，到底是怎麼回事？

——愛莉西亞

9.

5.

15.

我搜尋了印度兩大經典《羅摩衍那》和《摩訶婆羅多》的資料，這兩部史詩都**超長的**！《摩訶婆羅多》甚至是全世界最長的史詩之一！在《羅摩衍那》的故事中，惡魔羅波那綁架了羅摩王的愛人悉多。而這部史詩就在講羅摩王前往楞伽城討伐羅波那的故事。

——愛莉西亞

許多英雄都不是靠力氣取勝，而是靠智慧打敗對手，薩莉麥就是一個例子。我找到了薩莉麥的機智問答，她真的好聰明喔！

問：什麼東西比鏡子更清晰？
答：沒有什麼比知識更讓我思緒清晰。

問：什麼東西比鋼鐵更堅固？
答：「愛」是全世界最強大的東西。

問：什麼東西跟海一樣寬廣？
答：一顆正誠真心。

哈薩克

R=ᗡᗡ

2. 安尼茲

3. 磨勒

5. 花木蘭

1. 薩莉麥

中 國

6. 岳飛

西藏

4. 濟公

印度

中國與韓國

不丹

孟加拉

緬甸

我探訪了這附近的一些山區洞穴，數量還真多，難怪李寄花了一番功夫才找到大蛇的巢穴。

7. 李寄

蒙古

14. 哪吒

15. 韓信

11. 妙善

16. 姜邯贊

北韓

南韓

黃海

8. 大禹

12. 李逵

9. 盤瓠

我在這裡參加了一年一度的「盤王節」，紀念英雄盤瓠。

東海

13.
白素貞與小青

臺灣

10. 穆桂英

我在這裡看了一齣中國戲曲，講的就是穆桂英的故事。

中國與韓國

中國各地差異雖然很大，但都非常漂亮，也有著各式各樣的英雄故事。舊的朝代已經過去，新的政府尚未成形，但人們口中的故事依舊。各地還是充滿民間傳說，像是僧侶戰士、出身貴族的不法之徒，以及機伶的農夫。

1. 薩莉麥： 薩莉麥機伶又有智慧，她的故事來自中國回族。有一次，薩莉麥的公公阿里不小心打破皇帝的花瓶。但皇帝答應，只要薩莉麥能解開四道謎語，他就饒阿里一命。薩莉麥從來沒上過學，但輕輕鬆鬆就答出了皇帝的四個問題。

2. 安尼茲： 安尼茲的故事來自中國西北方的維吾爾族。安尼茲原本是牧羊童，但壞心的地主卻弄壞他的笛子。後來，有位神祕的老爺爺送安尼茲一支魔笛，讓他跟動物溝通。有一次，地主偷偷跑進安尼茲住的森林，安尼茲發現以後，就用魔笛召喚野狼、大熊和蛇，嚇得地主趕緊承認自己的錯誤。

3. 磨勒： 磨勒是唐代（西元618－907年）傳奇劍士英雄，打鬥技巧高超，而且全憑真功夫，沒有法力幫忙。他最討厭不公不義的事。有一次，他從太子手中救出一名奴婢。太子發現以後，下令要士兵殺死磨勒，但磨勒只用一把劍就擊退了太子派出的一百個戰士。

4. 濟公： 濟公是中國民間故事當中名聲響亮的英雄。傳說，他是12世紀杭州地區的佛教僧侶。有人說濟公是瘋子，但其實他很有智慧。濟公原本在寺院生活，後來因為愛喝酒、吃肉，又喜歡穿髒髒破破的衣服，而被趕了出來。無處可去的濟公在路上到處亂走，引起騷動。不過，他也經常幫助窮人、教訓壞人，讓社會變得更和諧美好。

5. 花木蘭： 北魏（西元385－535年）有一首《木蘭詩》，描述花木蘭的故事。當時的皇帝要每戶人家派出一人參軍，木蘭念在父親年紀大，便偽裝成男性，代父從軍。她打了十二年的仗，一次又一次證明自己的價值。後來，木蘭的身分終於曝光，皇帝知道後，打算大大獎勵她。但木蘭什麼也不肯收，只要了一匹駿馬，讓她早日回家。

6. 岳飛： 岳飛（西元1103－1142年）是中國民族英雄，也是非常了不起的將軍。傳言他曾率領五百名士兵，打敗敵軍十萬人。除此之外，他也很有同情心，無論對士兵或平民都相當照顧。

7. 李寄： 李寄的故事收錄在中國古代神怪全集《搜神記》當中，一般認為《搜神記》是西元4世紀的作品。傳說，福建地區有座山叫做庸嶺，上頭住了一條巨蛇。這條巨蛇逼迫居民每年送童女入山，當做祭品。少女李寄自願犧牲，並帶了一隻狗、一把劍，和幾個甜飯糰來到山裡。巨蛇聞到飯糰的甜香，便從洞裡鑽了出來。李寄的狗對著巨蛇狂吠，引開注意力，李寄便趁機把長劍砍進巨蛇的脖子。

8. 大禹： 傳說，在大洪水時期，皇帝的孫子鯀來到天庭，偷走天神黃帝的息壤（一種仙土）。然而，鯀耗時九年卻一直無法平息大水。鯀的兒子禹向天神道歉，而天神決定，除了息壤，祂還要送禹一隻神龜和一條龍，幫助他鑿山、挖渠，好讓水流得以疏通。

9. 盤瓠： 盤瓠的傳說來自中國南方的瑤族。傳說盤瓠是一隻狗，曾經幫助女王打敗敵軍。而女王為了賞賜盤瓠，便把女兒嫁給他。婚後，盤瓠告訴新婚妻子把自己變回人類的方法。但公主卻因為偷看盤瓠變身，害得盤瓠變成狗頭人身的怪物。從此以後，公主就經常戴著一頂毛茸茸的帽子，好讓自己看起來與盤瓠更般配。

10. 穆桂英： 穆桂英是宋朝（西元960－1279年）的知名戰士。她從小學習武術，後來與決鬥場上的手下敗將結為夫妻。穆桂英夫婦倆並肩作戰，先生戰死後，穆桂英便獨自保衛宋國北境。她是唯一攻破遼國天門陣的戰士。傳言，她連生孩子都在戰場上。

11 妙善： 妙善公主一心一意想要出家當比丘尼，因此拒絕自己的婚事。妙善的父親（也就是當時的皇帝）聽到以後非常生氣，下令殺死妙善，但刀槍不入的妙善卻騎著白老虎逃跑了。後來，皇帝不幸生病，妙善假扮成僧侶前來慰問，並告訴他，如果想要好起來，唯一的辦法是吃下以聖人的手和眼做成的解藥。妙善獻出自己的手和眼，皇帝也順利康復。妙善恢復原狀，皇帝則為自己的所作所為感到後悔。

12. 李逵： 人稱「黑旋風」，是《水滸傳》裡亦正亦邪的角色。（我把關於《水滸傳》的資料整理在旁邊。）李逵總是揮舞著兩把斧頭，像暴風一樣殺入戰場。此外他也是盜賊首領宋江的左右手。

13. 白素貞與小青： 白素貞與小青都是非常美麗的女子，分別由白蛇與青蛇化身而成，她們的故事也來自中國。傳說，被邪惡禪師壓在雷峰塔下的白素貞（白蛇）愛上一位年輕、帥氣的男子。而她忠心耿耿的侍女小青（青蛇）為了救出夥伴，放火燒了雷峰塔。

14. 哪吒： 身形巨大、三頭八臂的道教傳奇天神，可以輕易打敗惡魔，但性格火爆又陰晴不定。哪吒的父親李靖從別人手中獲得一個玲瓏寶塔，用來對付哪吒的壞脾氣。

8.

15. 韓信： 韓信（西元前約231-196年）是中國古代最有名的將軍，以謙遜出名。他最有名的事蹟是他寧可從無賴的胯下爬過，也不願與他爭鬥或動手殺人。

16. 姜邯贊： 姜邯贊是11世紀韓國的軍事指揮官。民間流傳許多關於這位歷史人物的傳說故事。據說他是人類與狐狸生下的孩子，智慧超群、力氣過人，而且還會法術，可以跟動物溝通。傳言，他曾讓流動的河水不發一點聲音。還有一次，他把村民從一大群青蛙當中救了出來。

16.

《水滸傳》的一〇八條好漢

《水滸傳》是中國四大名著之一，記錄一百零八位強盜（其實他們並不壞）自組軍隊伸張正義、擊退敵人的故事。這群盜匪有男有女，自稱「好漢」，個個精通武術，除了李逵還包括下列人物：

宋江： 好漢之首，正義的使者，精通武術，以樂善好施的性格出名。

魯智深： 因為身上有花的刺青，非常漂亮，所以又被稱為「花和尚」。魯智深喜歡喝酒，而且手持禪杖，其中一端有著足以致命的彎月尖刀。

瓊英： 無所畏懼的將領，發誓要替死去的父母報仇。

武松： 人稱「行者」，箭術精準，也擅長使用棍棒作戰。

林沖： 人稱「豹子頭」，原本在宮廷裡擔任禁軍（皇帝的侍衛）教頭，後來被人誣陷，被迫離宮。是魯智深的結拜兄弟。

光是要蒐集中國一個省分的傳說，就得花一輩子的時間。我只聽了零星幾個故事，就必須離開。我的船明天就要離開上海。今天下午逛魚市場時，我發現一條奇特的魚，那隻魚的鱗片長成下面這個樣子：

14.

〔符文文字〕

5.

這是什麼意思？

15.

13.   9.

來自魚的訊息？海蓮娜是不是腦筋不太正常？

——愛莉西亞

29

日本

中國

日本海

8. 日本武尊

7. 神功皇后

6. 巴御前

1. 常世

我經過五條大橋時，沒有人向我提出挑戰。

2. 桃太郎

日本人至今依舊重視春天的桃花。

3. 武藏坊弁慶

日本

5. 余吾大夫與蜜蜂軍團

世界上有很多講述動物對人類報恩的故事，像是余吾大夫與蜜蜂軍團。不知道有沒有人類對動物報恩的故事？

——愛莉西亞

4. 浦島太郎

我在傳統日本狂言表演中看過浦島太郎的故事。

太平洋

S=1

日本

日本對自己的傳統十分自豪，人們喜歡講述以前的故事。我住在一間非常古老的日式旅館，睡在稻草製成的榻榻米上。歷史事件和傳說故事在日本彼此交融，你很難辨別哪些是歷史，哪些是傳說。

1. 常世：常世的父親被生病的天皇放逐到偏遠的隱岐島。而常世為了尋找父親，便出發前往這座小島。途中，她遇見兩個年輕女孩，她們是要準備送給海怪的祭品。常世自願替代她們，並殺死了海怪，解除天皇身上的詛咒，讓天皇的病不藥而癒。天皇為表達感謝，釋放了常世的父親。

（譯注：這個故事只見於英國作家理查·史密斯的著作當中，不存在對應的日本傳說。）

2. 桃太郎：桃太郎是日本民間故事中最受歡迎的人物。一對和善的老夫妻在河上漂流的桃子中發現了還是嬰兒的桃太郎，將他當成自己的兒子扶養長大。桃太郎長大以後，和旅途中遇見的三位夥伴——猴子、雞和狗——一起尋找鬼族（一種巨魔般的惡魔）偷走的財寶。

3. 武藏坊弁慶：既是戰士也是僧侶，12世紀的歷史人物。傳說他高兩米，有著百人之力。他立定目標要搜集一千把名刀，於是在京都的「五條大橋」上挑戰路過的行人。他贏得九百九十九場勝利，卻意外敗給一名旅人，也就是武士源義經，兩人最後則結為好友。

4. 浦島太郎：漁夫浦島太郎驚訝不已，他救起的海龜竟然是海龍王的女兒「乙姬」。兩人來到海底王國並成為夫妻，三天後，浦島太郎想回到陸地拜訪家人。乙姬送他一個魔法盒保護他的安全，並再三叮嚀絕對不能打開。浦島太郎回到老家，發現時間已經過了三百年。他在驚嚇中打開盒子，結果立刻老去並化為灰燼。

5. 余吾大夫與蜜蜂軍團：11世紀時，有位日本將軍名叫余吾大夫，他的軍隊人員因為戰爭而大幅減損，只剩下二十名士兵。有一天，他發現一隻蜜蜂被困在蜘蛛網中，便好心解救了那隻蜜蜂。蜜蜂為了感謝余吾大夫的善心，聚集起來幫助他擊敗敵人。

6. 巴御前：在古代，許多日本女性會接受武術訓練以保衛自己的家園，但巴御前做得更多：她成為一名武士（戰士）並英勇地跟其他男性並肩作戰。根據10–11世紀日本史詩《平家物語》的記載，她曾經參與粟津之戰。

7. 神功皇后：根據傳說記載，神功皇后是一位英勇無畏的戰士。她在丈夫死後代替年幼的孩子應神天皇治理國家。傳說她曾用一對力量強大的珠石控制大海，讓軍隊在西元200年時征服韓國，一滴血也沒流。

日本有著豐富的傳統、習俗和許許多多的故事。我在這裡一直待到春天，參加了著名的賞花祭典，和人們一同漫步在櫻花樹下，分享各種故事。說實話，我不想離開。前方遼闊的太平洋充滿危險，不曉得有什麼在等著我，海盜？風暴？船難？怪物？留在這裡單純多了。

今天我在附近的公園散步，有人在那裡放風箏。一只風箏落在我腳邊，上面有著一些標記：

我很確定這些符號是某種文字。是訊息嗎？給我的嗎？

> 我認為這些記號肯定不是巧合。
> ——愛莉西亞

《古事記》和《日本書紀》

日本有兩本關於古代歷史的經典書籍：《古事記》寫於西元712年、《日本書紀》則於720年成書。兩本書都提到了聰明且充滿創造力的日本武皇子，這段故事可能是根據西元4世紀的真實人物寫成。

8. 日本武尊：日本武尊在十六歲時出發征討不法之徒。不過，他發現自己無法在戰場上擊敗對方，於是向妻子「弟橘媛」借了一件和服，打扮成女性的模樣，潛入敵人營地。匪徒紛紛被這位「美女」吸引，直到「她」從衣服底下抽出匕首，殺死這群匪徒。

日本武尊被授與了著名的天叢雲劍，他曾靠著這把劍從熊熊大火中逃脫。在那之後，這把劍也改名為「草薙劍」，意思是「除草者」。草薙劍是日本皇室的三大神器之一，象徵英勇。傳說三神器分別放在不同的神社中，但沒有一個人看過這些器物，就連天皇也一樣。

最後，日本武尊堅貞不渝的妻子弟橘媛為了救他犧牲自己的性命。

> 真正的歷史人物會有像日本武尊、武藏坊弁慶、巴御前那樣有趣的冒險嗎？也許說書人每說一次故事，就會添加一些額外的內容，好讓故事更刺激。而過了幾百年後，所有傳說都因此變得誇大許多。
> ——愛莉西亞

太平洋地區

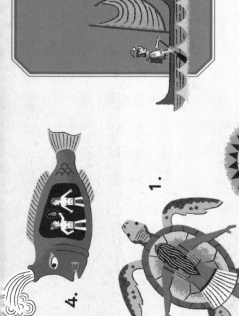

這裡有著數以百計的島嶼，有些彼此相鄰，有些遙遙相隔。這裡的故事講述海上的英雄、狡猾的騙徒、不幸的戀人與大海懼的少女。在這些傳說中，大海的波濤下藏著怪物和精靈，森林也克滿危險。儘管如此，還是有勇敢的英雄成功征服鬼怪。

1. 希娜： 希娜是獨腳的年輕女孩，來自密克羅尼西亞「波納佩島」附近的卡拉爾馬朗伊環礁。她和巨蟲作伴，一同出發尋找失去的睡床。途中，她靠智慧打敗海惡魔，卻被邪惡文字人魔法師抓走。她的哥哥魯亞龐變文字人魔法師的小屋，藏在木耳的肚子裡，成功解救希娜。

2. 烏利希環礁姊妹： 傳說在密克羅尼西亞的烏利希環礁附近，有一對姊妹被邪惡的魔鬼洛拉吞下肚，但兩人用藤蔓割破惡魔的肚子逃了出來。當島民發現洛拉被兩姊妹殺死之後，他們便推選兩姊妹成為酋長。

3. 埃索考科： 一般說為麥考考科是17世紀的密克羅尼西亞戰士。傳說，他是雷神納，賓普威和人類之子。曾經帶著三百三十三名戰士從科斯雷島出發，航向波納佩島，他在那裡擊敗了當地的暴君，成為酋長。

4. 提克與拉普： 雙胞胎提克與拉普的故事也來自波納佩島。他們為了送禮物給鄰近島嶼的酋長，於是出發去捕魚，卻在途中被一條巨魚給吞進肚子，提克和拉普劃破魚肚，殺死了巨魚，並漂流到岸邊。提克告訴酋長，並告訴他，魚已經烤熟了。

5. 圖瓦拉： 圖瓦拉的傳說來自斐濟。曾經有一拉維智玫瑰的酋長靠著欺騙，說服鄰近島嶼的統治者買下斐濟島上的所有蚊子，藉此擾亂臉溫疫侵擾。

6. 歐希阿和桃金孃： 女神佩蕾來自夏威夷。歐希阿和桃金孃相戀，遭到歐希阿早已和凡人桃金孃成婚，遭到拒絕的佩蕾勃然大怒，無法解除或逆轉，於是她天神只好將桃金孃變成整個復夏威夷的花朵。這種樹遍佈歐希阿枝幹上的花余。美麗的豔紅花朵象徵永遠相守的戀人。

7. 烏魯瑪修： 東加國王統治薩摩亞期間，曾命令六兄弟把當住新建道路的一顆巨石移開，要是辦不到，就等著處死。六兄弟搬不動石頭，於是就會自動放慢速度，讓太陽長空的烏魯瑪修發現巨石其實是空心的，裡面滿是氣脹、蛇和饅魚。當這些生物在裡頭翻騰，大石就會自動滾開，六兄弟也因此獲救。

8. 毛伊： 騙使毛伊的事蹟傳遍整個太平洋地區。其中一個故事跟塔瑪努伊泰拉（也就是太陽）有關。傳說，當時太陽橫越天空的速度太快，一天的時間太短，使毛伊的族人無法捕魚和採集食物。於是毛伊對著瑪努伊泰拉設下陷阱，並用魔法引誘太陽，讓太陽同意放慢速度。

9. 坦吉亞和卡里卡： 偉大的酋長坦吉亞和卡里卡在海上相遇，所有人都以為他們會一決死戰，但伸手下驚訝的是，兩人竟然結為至交，一起統治庫克群島東加拉洛東加島。

10. 拉塔： 拉塔是來自法屬玻里尼西亞「土群島」的英雄。他的父母被邪惡國王玻卯的魔鳥抓走，為了替父母報仇，搭乘森林小矮人打造的獨木舟，展開尋找月亮地卡的任務。

11. 霍圖瑪圖阿： 霍圖瑪圖阿是開拓拉帕努伊（復活節島）的傳奇酋長。他夢見故鄉的美麗大陸「伊瓦」即將沉沒，於是派出七名探求者去尋找新的土地。他們找到一座小島並帶回甘藷、珍珠母和摩艾石像。霍圖瑪圖阿帶領族人來到拉帕努伊，在此展開新生活。

我的臉被大陽曬傷，身體被曬黑，但旅行也讓我變得強壯。我從未如此快樂。

我經常想到奶奶，她會多麼喜歡這些島嶼和當地的故事啊。

除此之外，有時我也會想到沿途下場肯定很慘。我無意傷害他，他其實是好人。我正在前往澳洲的路上，感覺離家真的好遠。不知道家人會不會因為我逃跑此而大發雷霆。

在我寫下這些句子時，海浪打上岸邊，擦得我的腳都好好癢。而且還留下一團滑溜的海藻：

我很確定有人試圖告訴我某些事。

也許這些記號確實代表某種意義。我正在嘗試破解。如果這是「真的」是密碼，那必定有辦法可以解開。

——愛莉西亞

阿拉夫拉海

6. 茂與馬旦

喀本塔利亞灣

帝汶海

2. 汪迦菈

澳洲

3. 歪臉米克

1. 奈芮妲

4. 鴉

南冰洋

我在這一帶看
到許多烏鴉。

澳洲
與
紐西蘭

G=ǂ

索羅門群島

珊瑚海

萬那杜

斐濟

10. 庫佩

塔斯曼海

新喀里多尼亞
（法國）

11. 哈圖帕圖

毛利鳥妖死去的地方，羅托魯亞的水
至今依舊滾沸。

毛伊貪心的兄弟原本打算
剁碎一條巨魚。不過這條
魚後來變成了北島。我在
這裡看見了他們造成的丘
陵與高山。

9. 毛伊

5. 威瑞南

7. 考庫拉

紐西蘭

8. 希內莫阿

12.
毛利公主帕尼雅

太平洋的地圖上也有一個毛伊的故
事。我曾在書上讀過，玻里尼西亞人
會橫越遼闊的海洋在小島間遷徙。我
想故事也會跟著人一起旅行。

——愛莉西亞

澳洲與紐西蘭

澳洲的土地面積廣大遼闊,令人驚嘆!而當地居民所傳誦的英雄,就如同這片土地的景致一樣氣宇不凡。紐西蘭雖然小得多,但南北島都充滿了壯觀的自然奇景,跟當地的傳說一樣令人讚嘆。

1. 奈芮妲:奈芮妲、柏溫和瓦威的故事出自澳洲的原住民神話。邪惡的水精靈瓦威欺騙奈芮妲潛入水穴,以「拯救」戀人柏溫,並避免村莊遭受災難。不料,瓦威卻把奈芮妲拖到水底淹死。柏溫因為失去愛人而哭泣,直到有一天,一朵宛如玉手的美麗睡蓮出現在水池中。柏溫看見便潛到水裡,成為蘆葦。

2. 汪迦菈:智者汪迦菈的故事在澳洲北領地的瓦達曼人之間流傳。有次,汪迦菈帶著兒子布拉吉收集種子,期間布拉不小心被怪物沃嘎魯盯上。但汪迦菈毫不退縮,她知道沃嘎魯只攻擊那些流露出恐懼的人。於是她無視怪物,並把剛烤好的麵包砸向怪物的臉,救了自己和兒子。

3. 歪臉米克:歪臉米克是英勇的荒林客,他的故事出自澳洲19世紀牧羊人的民間傳說。米克住在斯比瓦,荒野中的傳奇牧場。有人說鱷魚吃了米克的鼻子,有人則說一場意外讓他瘸了腿。不過,儘管歪臉又瘸腿,米克比一般人更擅長伐木和剪羊毛。此外,他講的故事比別人厲害,烤的餡餅也比別人多。

4. 鴉:鴉又叫做瓦,是一位騙子英雄,來自澳洲維多利亞省「庫林人」的傳說。傳言,當地人過去常常生吃食物。鴉知道這件事後,就用詭計欺騙負責守護火焰祕密的女子,讓細碎的火星飛出來。鴉偷走了這些火星,卻不小心引起森林大火。鴉的羽毛被燒成黑色,再也變不回來,但人們也因此懂得用火。

5. 威瑞南:造雨者威瑞南既是魔法師,也是英雄,他的故事來自新南威爾斯州納蘭河的原住民傳說。有次久久不下雨,部落同胞暗自謠傳威瑞南的法力不再。後來,威瑞南要族人把房子蓋在高高的木架子上,並製造了一場巨大的風暴。接著,他聯合其他村莊的造雨者,召來豐沛的雨水,把沙漠變成充滿鮮魚的湖泊。

6. 茂與馬旦:這對戰士兄弟來自巴布亞紐幾內亞的小島波伊古,他們忽視姊姊的警告和陰森的預言,執意航向巴布亞。才剛抵達,酋長就向他們宣戰。兩人雖英勇地戰鬥,但仍被擊敗、殺害。不過,他們的勇敢也讓敵人佩服,以最高榮譽對待他們的屍體。

7. 考庫拉:紐西蘭毛利人的神話中有許多關於流浪英雄考庫拉的故事。據說有天晚上,他幫助紐西蘭森靈(或稱小妖精),以一種前所未見、新奇又古怪的繩結裝置捕捉鮮魚。黎明時,妖精紛紛跑走,留下這個奇妙的繩網。在那之後,毛利人就一直以這種魚網捕魚。

8. 希內莫阿:希內莫阿是酋長的女兒,她的父親拒絕讓她嫁給地位低下的圖坦奈凱,於是她決定離家出走。希內莫阿為了逃跑,把葫蘆繫在腰上提供浮力,好讓她游過紐西蘭北島的羅托魯瓦湖泊,前往圖坦奈凱的家:莫科亞島。她又冷又累,渾身顫抖,只能在熱水池中等待,並一邊敲打葫蘆,直到圖坦奈凱出來一探究竟。他順利找到摯愛希內莫阿,兩人結為夫妻。

9. 毛伊:毛伊在紐西蘭和玻里尼西亞都廣受人們歡迎。有人說他是人類,也有人認為他是半個神。毛伊非常勇敢、聰明,而且還是知名的騙子和惡作劇高手。有一次,他邀請他的兄弟一起去釣魚,其實是想要證明自己才是最棒的釣魚好手。他釣起一條超大的魚,結果發現那竟然是紐西蘭的北島。毛伊的惡作劇通常對人類有益,但根據毛利人的傳說,人類之所以終會一死,也是毛伊意外造成的結果。

10. 庫佩:庫佩是毛利神話中非常重要的人物。根據傳說,他發現了紐西蘭島。庫佩的故事有許多版本。有人說他的夥伴是兩隻鳥:鸕鶿與林鴿,但大部分的故事著重在庫佩的危險旅程,以及他和穆圖章魚怪的戰鬥。庫佩為了追捕這隻怪物,乘坐獨木舟離開傳說中毛利人的原鄉哈瓦基,來到紐西蘭的庫克海峽。

2.

11.

8.

3.

4.

6.

11. 哈圖帕圖：哈圖帕圖被可怕的鳥女「毛利鳥妖」所抓。不過，他趁鳥妖出外狩獵時逃跑。毛利鳥妖一路追著他直到羅托魯亞溫泉。哈圖帕圖順利跳過溫泉，鳥妖則在飛越時被滾燙的熱水噴中，當場被燙死。

12. 毛利公主帕尼雅：帕尼雅的故事對和克灣的毛利部落「納蒂卡杭谷努」來說特別重要。來自大海的少女帕尼雅愛上了人類，總是在夜裡探訪情人，然後在黎明時回到同胞身邊。她的丈夫想把她永遠留在陸地上，於是趁她睡著時把人類的食物放在她身上。但她醒了過來，並逃回大海，永遠不再回來。後來，帕尼雅變成了珊瑚礁，她的兒子則成為坦尼法（水之守衛）。你可以在今日的內皮爾市海岸看到這座珊瑚礁。

站在內皮爾的海岸邊，我想到了帕尼雅。我很好奇，在那座神奇珊瑚礁的另一頭，會有什麼東西。但不管我怎樣瞇起眼睛遠眺，都只看到一片大海。

離開所愛的人，航向未知海洋，這個決定正確嗎？古代的偉大英雄似乎從來不曾考慮這樣的事，或至少這些念頭不曾出現在他們的冒險旅程中。但如果他們也曾遲疑呢？他們也會感到孤獨嗎？

我費力穿越海灘，好預訂下一段旅程的船票。這時，剛才明明在玩沙的兩個小孩竟然突然消失。而貝殼排列成這樣的形狀：

那兩個孩子難道是妖精紐西蘭森靈？不可能啊。但……或許這些圖案是某種訊息。今晚，我要再次嘗試破解它們。

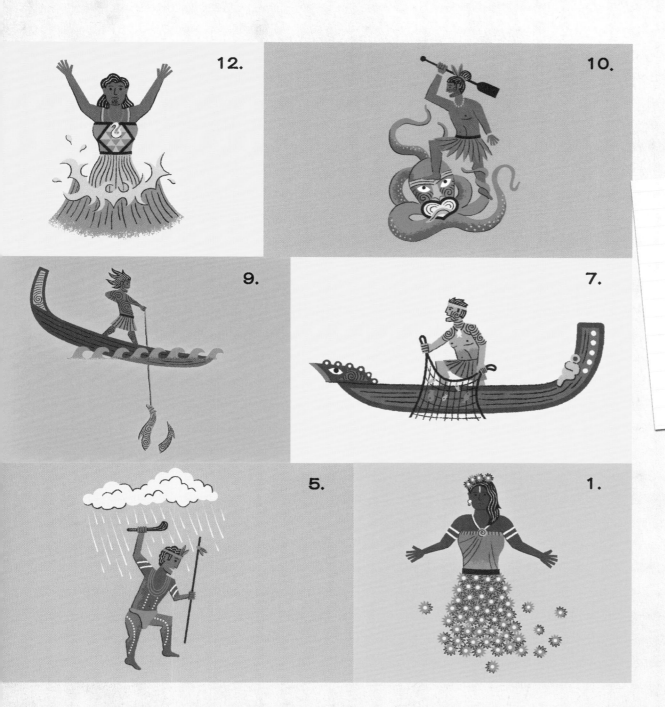

我花了太多時間研讀海蓮娜的日記。今天傍晚放學回家的路上，我還以為牆上畫著同樣的符號。或許今晚該來寫我的講稿了……但事實是，我一點也不想動筆！

——愛莉西亞

1. 托皮爾岑

我們降落在臨時搭建的簡易機場，旁邊就是古老的托爾特克神殿，神殿外牆刻有羽蛇神的圖案。

2. 圭妮娜

3. 哈布里

墨西哥
貝里斯
洪都拉斯
瓜地馬拉
薩爾瓦多
尼加拉瓜
哥斯大黎加
巴拿馬

千里達及托巴哥
蘇利南
委內瑞拉
哥倫比亞
厄瓜多
法屬圭亞那
圭亞那

6. 蝙蝠奶奶

我越來越覺得，大人會編造許多故事，只爲了向小孩解釋自己所不了解的事情，譬如丘克是發現馬鈴薯可食部位的人，而晨星是托皮爾岑化身而成。

——愛莉西亞

4. 蛇姊妹

秘魯

5. 曼科·卡帕克

巴西

玻利維亞

8. 丘克

巴拉圭

7. 辛米笛優

有人告訴我，辛米笛優的藍色蝴蝶其實是被下咒的巫師。魔法可以用來行善，也可以用來作惡。

南美洲

阿根廷

烏拉圭

9.
佩德羅·烏德瑪拉斯

智利

南太平洋

南大西洋

B=X

福克蘭群島
（英國）

南美洲

我一抵達南美洲就發現，這個地方難以從陸路旅行，所以我雇了一艘飛船，讓我可以降落在陸地或寬廣的亞馬遜河上。我第一次看到飛船起飛的時候，差點暈過去——它要怎麼閃過大樹？幸好，感謝當地的嚮導，我現在能在平原、山地和叢林間飛行，認識有趣的人，探索奇妙的古老城市。但我的旅費也越來越少了。

1. 托皮爾岑： 古代墨西哥文明「托爾特克」中的神話祭司王，身分神祕，有人說他是神明，稱他為羽蛇神（長滿羽毛的蛇神）。傳說，象徵鬥爭的黑暗之神「特斯卡特利波卡」把托皮爾岑灌醉，害他忘了自己的職責。悔不當初的托皮爾岑選擇自我放逐，從群山流浪到大海，最終變為金星，也就是晨星或啟明星。

2. 圭妮娜： 圭妮娜是16世紀的泰諾人，生活在委內瑞拉。她和西班牙征服者克里斯多福·索托馬約不顧同胞反對，墜入愛河。後來，她的兄長領導一起叛亂，殺死了克里斯多福，讓圭妮娜徹底崩潰。她的父親決定將她獻祭給神明，卻發現圭妮娜已經死在愛人身邊。這對情侶被埋葬在木棉樹下，後來兩人的長眠之處長出了紅色的朱槿和白色的百合。有人說這對情侶會在月色潔白的夜晚出現。

3. 哈布里： 哈布里的故事在委內瑞拉的瓦老人之間流傳。傳言，哈布里藉由挖空樹木逃過邪惡蛙女的魔掌，也因此發明了獨木舟。

4. 蛇姊妹： 在印加人的民間傳說中，有位英俊的陌生人向女孩求婚。這時，突然出現一條蛇，警告女孩不要騎上男人的馬，最好改騎驢子，因為男子其實是魔鬼的化身。女孩騎著驢子逃跑，而驢子最後變成了蛇。原來，這條蛇是女孩從沒見過面的雙胞胎姊妹，一直在尋找女孩的下落。

5. 曼科·卡帕克： 傳說曼科·卡帕克是秘魯印加帝國的開國君王。有人說他是太陽神的兒子，奉命來到凡間教導子民如何耕種、織布、保家衛國。印加人相信他在安地斯山脈中建立了庫斯科城。

6. 蝙蝠奶奶： 巨大蝙蝠「歐寇佩雷」讓當地百姓陷入恐慌，但沒有人知道這個吸血怪物藏身何處。最後，一位勇敢的老婦人自願擔任誘餌，她揮舞火把，挑釁蝙蝠。歐寇佩雷看到後，立刻咬住老婦人然後飛走。村民緊追在後，跟著老婦人手上的火光，找到了蝙蝠棲身的樹木並殺死怪物。這個故事來自圭亞那的原住民傳說。

7. 辛米笛優： 辛米笛優是馬衛族的女英雄，住在巴西亞馬遜雨林中。辛米笛優的丈夫把她一個人丟在森林裡，害她被猴王抓走。幸好她遇見一隻善良的烏龜，幫助她逃跑。但後來，她卻又被其他動物騙入叢林深處。經歷一番冒險，最後是一隻藍色的蝴蝶引領辛米笛優回到父親的住處。

8. 丘克： 丘克的國家被敵人入侵，但他拒絕成為奴隸。眾神被丘克的勇氣感動，派他種下一株沒有人看過的植物。敵軍吃下這種植物長出的綠芽後中毒身亡。丘克後來發現，這種植物其實有著美味的塊莖。這就是馬鈴薯來到玻利維亞的故事。

9. 佩德羅·烏德瑪拉斯： 騙子佩德羅的故事多元豐富，起源自中世紀西班牙，後來漸漸流傳到所有講西班牙語的地方。佩德羅以欺騙別人為樂。

我離家已經十八個月了。每一天我都看到更多奇景，聽到更多英雄事蹟。這一切都令人興奮。但我無法不去思念奶奶、父母還有兄弟姊妹。他們在雅典過得怎麼樣？我帶著滿心的憤怒和屈辱離開家，要是我傷害了他們該怎麼辦？我甚至沒有寄隻字片語回家，告訴他們我還活著。

蚊子被燈光吸引，擠在我的帳篷外，排成奇怪的圖案：

ᛏᚷ ᚷᛈᚠᛂᚳᛁ

ᚷᛁᛊᚷᛈᚢᚳᛉᚢᚢᚢ ᚷᚳ ᛈᛉᛪᛟᛏᚷ

ᛉᛏᛁᚷᛈᚠᛂᚳᛁ

真希望我知道那是什麼意思。

18. 齊維阿克

阿拉斯加
（美國）

白令海　　阿拉斯加灣

17. 伊克塔潔

加拿大

15. 利頓女孩

16. 阿瑪拉

我在天上找到了老婦人的孫子，他現在是天上的北極星。

北太平洋

4. 郊狼

5. 老婦人的孫子

3. 佩科斯河的比爾

我的旅途行經死亡谷。這個地方是佩科斯河的比爾從龍捲風上摔下來所造成的凹地。

北美洲

夏威夷
（美國）

墨西哥

2. 仙度瑪麗

戴維斯海峽

格陵蘭（丹麥）

19. 卡卡蘇克

哈德遜灣

14. 少女與飛頭

13. 「大個」喬‧馬夫洛

拉布拉多海

8. 海華沙

12. 格魯斯卡普

7. 山岳瑪麗

10. 強尼蘋果籽

我在俄亥俄州找到強尼蘋果籽種下的最後一棵樹。

北大西洋

6. 水牛犢路

美國

9. 約翰‧亨利

11. 史東馬朗

墨西哥灣

1. 緹萍姬的朋友們

巴哈馬

加勒比海

古巴

海地

多明尼加共和國

波多黎各（美國）

聖克里斯多福及尼維斯

安地卡及巴布達

法屬瓜地洛普

多米尼克

法屬馬丁尼克

聖露西亞

牙買加

貝里斯

瓜地馬拉 洪都拉斯

北美洲

這裡每樣東西都離得好遠！蒸汽鐵路既摩登，又有效率，而且我也可以在火車上跟其他乘客交換故事。車窗外，沙漠變成平原；玉米田變成森林；農莊變成城市。再往北就是遼闊的山脈，結凍的湖泊遍布其間。

我的錢幾乎要用光了，但我一路上都有在打零工，像是擔任餐廳服務生或加油站人員。美國人真的很喜歡車子！

1. 緹萍姬的朋友們：這個民間故事來自海地。緹萍姬的朋友得知緹萍姬邪惡的繼母要把她送吉當僕人，全都氣憤難平。於是，當緹萍姬未來的主人來接她時，所有女孩都聚集起來，自稱是緹萍姬。買主不知道哪個才是真的緹萍姬，只好離去。

2. 仙度瑪麗：仙度瑪麗被迫替一群巫婆工作，而且時常受到虐待。一位老婦人實現了仙度瑪麗的願望，讓她遇見王子，但仙度瑪麗卻在逃跑時，丟了一隻鞋。巫婆把別針插進仙度瑪麗的頭，把她變成一隻鳥。仙度瑪麗大聲哭叫，藉此向國王告狀。國王拔出別針，讓少女變回人形。這個故事在墨西哥的特佩萬人之間流傳。

3. 佩科斯河的比爾：比爾是來自德州佩科斯河地區的牛仔英雄。他的故事最早出現在美國西部大拓荒時期（1830年代）。傳說，比爾由郊狼扶養長大，無所不能。他能夠馴服山獅，還養了一匹喜歡吃炸藥的馬，名叫寡婦製造者。他甚至可以把響尾蛇當成套索用。

4. 郊狼：騙子郊狼的傳說在美洲印地安人之間流傳，故事遍布北美大平原、加州和美國西南地區。在數以百計的有趣故事中，牠盜過火，確保人類有日光；牠也馴服過風，但不是每次都會成功。事情常常出錯，特別是牠不小心讓人類變得不再永生不死。

5. 老婦人的孫子：老婦人的孫子就是太陽之子，他的故事發生在北美大平原的克洛族。傳說，孩子出生後，他的母親因為想家，所以帶著孩子逃走，而憤怒的太陽便殺死了母親。男孩被祖母收養，長大後變得英俊又強壯，而且還擊退一頭可怕的龍。沒有事情能難倒老婦人的孫子，他甚至可以吞下一整頭大公牛！

6. 水牛犢路：19世紀時，許多美國原住民起身反抗美國軍隊。夏安族女戰士水牛犢路、她的丈夫和兄弟都參加了1876年的羅斯布德戰役。在戰鬥中，她以英勇的壯舉救了自己的兄弟。此外，她還參加了小巨角戰役。水牛犢路的故事由印第安人口傳至今。

7. 山岳瑪麗：瑪麗·榮格是位隱士，18到19世紀初期隱居在賓州的歐里山。她是個治療師，也喜歡各種動物，就連其他人認為很危險的生物也一樣。她會設陷阱，把動物帶到牠們能安全生活的地區放生。

6.

8. 海華沙：海華沙是位傳奇酋長，據信他在16世紀時活躍於北美洲東北部。在某些故事中，他是奧農達加人的領袖。不過，也有人說他是摩和克人。他統合了當地五個時常征戰的部落，組成伊羅奎聯盟。

9. 約翰·亨利：約翰·亨利是力大無窮的非裔美國鐵路工人。他在一場跟蒸汽鋼鐵機的比賽中獲勝，卻耗盡體力而死，留下一首著名的民謠〈約翰·亨利之歌〉。

10. 強尼蘋果籽：強尼蘋果籽是民間英雄，故事以強·查普曼為背景。他在18、19世紀時於賓州和俄亥俄州種植果樹。他是個古怪的「野人」，走遍美國中西部，在所到之處種下蘋果樹。

11. 史東馬朗：很多船夫民謠都在歌頌阿弗雷德·鮑塔·史東馬朗，這位英雄來自麻州的民間傳說。他的船大到無法駛進波士頓港，甚至曾經卡在英吉利海峽中，老史東得用肥皂潤滑兩側才脫困。

12. 格魯斯卡普：格魯斯卡普是東林地的部落英雄，也是一位強大的巨人。他能替人實現願望，而且還擊出了加拿大的安納波利斯谷。有人說他和冬神達成協議，讓夏天統治一年中的六個月。

13. 「大個」喬·馬夫洛：在19世紀渥太華的拜鎮，凶狠的街頭混混時常攻擊法裔加拿大人。喬瑟夫·蒙費朗（當地說英語的居民叫他馬夫洛）身材高大、肌肉發達，是個優秀的伐木工。有一次混混來挑釁，他忍無可忍踢倒了最凶狠的惡霸，擊退其他人，然後大喊：「繼續罵啊！」

愛騙人的動物英雄

世界各地都有喜歡騙人的動物，但美洲印地安部落特別著迷於這種故事。

其中最有名的非郊狼莫屬，牠出現在北美大平原、加州和西南地區的幾十個故事當中。西北地區最受歡迎的動物是渡鴉，而到了東南部則由野兔或兔子負責耍詭計。

郊狼、野兔和浣熊（出現在阿布納基族和皮納布斯高族的故事中）等生物可能很頑皮，但牠們往往站在人類這一邊。然而，其他譬如伊克托米（蘇族的蜘蛛人），或是西北部的騙徒貂，這些生物的心眼可能就沒那麼好，最好小心應對。

4.

5.

1.

3.

13.

14. 少女與飛頭：
傳說，在伊羅奎族生活的地方，有一顆可怕的骷髏頭到處飛來飛去，吞食所有路過的人。後來，一名少女決定對付這顆飛行骷髏。她用火加熱石頭，等到飛頭一出現，她就假裝吃石頭，還裝作很好吃的樣子。飛頭上當了，它吃下石頭，受到嚴重燒傷，從此再也沒有出現。

15. 利頓女孩：
加拿大卑詩省（英屬哥倫比亞省）薩利希族有個傳說，講述兩個女孩被巨人偷走的故事。女孩雖然逃脫，但巨人追了上來，兩人靠著躲在樹上才逃過一劫。她們回到家後，向族人提供了關於巨人的重要情報。

16. 阿瑪拉：
巨人阿瑪拉行善多年，有一天，有人請他接下支撐世界的任務。直到今天，他依舊用根子撐著世界，並用野鴨油潤滑肌肉。人們殺光野鴨的時候，就是阿瑪拉和地球死去的時候。阿瑪拉的故事來自欽西安人的神話，他們住在加拿大卑詩省和美國的阿拉斯加。

17. 伊克塔潔：
伊克塔潔是因紐特女英雄。有次她不幸被熊抓住，只好假裝自己被凍成了冰塊。熊上當了，把她放回巢穴解凍。伊克塔潔默默等待，直到熊睡著之後才偷偷溜走，並用魔法把小溪變成危險的激流，讓熊無法追蹤她的去向。在某些版本的故事裡，伊克塔潔是個男孩。

18. 齊維阿克：
因紐特傳說中的上古流浪者，行跡橫跨加拿大、阿拉斯加和格陵蘭。齊維阿克運用他的薩滿力量和超自然生物作戰。

19. 卡卡蘇克：
在格陵蘭的民間故事中，無家可歸的孤兒卡卡蘇克在村莊受到虐待，於是他決定逃走。途中他遇到一個巨人，在巨人的訓練下，卡卡蘇克變得非常強壯，得以懲罰當初欺負他的人，並且回報少數對他和善的人。

昨晚我在一間餐館工作，那裡的同事就像我一樣，都是來自遠方的旅行者。輪班結束時，老闆拒絕付大家薪水，因為有人打破盤子。我不願意接受這種事，我告訴她，如果她不肯發薪水，那我們就不會再替她工作。她最後也妥協了。那天晚上，我做了一大盤希臘千層茄子跟其他員工分享。

我們把盤子裡的食物吃得乾乾淨淨。不過，當我們聊起自己的家鄉時，我發現盤子裡的湯匙排成了以下形狀：

ᚼᚷ ᚾᛈᚦ ᛒᚷ ᛒᚠᚷᛉᚷᛘ
ᛒᚷ ᛁᚷᛈᚦᛘ ᛘᛖ ᛒᚷ
ᛏᛒᚷᚲᛙᛁᚷᛏᚾᚲ

連髒盤子也有話想跟我說！

17.

19.

18.

15.

8.

或許我應該回顧一下地圖，才能找到答案？
——愛莉西亞

10.

2.

仙度瑪麗似乎是「灰姑娘：仙度瑞拉」故事的另一個版本。這個故事我小時候就聽過了。
——愛莉西亞

7.

14.

11.

12.

16.

9.

1. 壯漢葛雷蒂

冰島

2. 紅髮艾瑞克

法羅群島

挪威海

3. 艾瑞克之女——弗蕾迪絲

4. 博德瓦·比亞基

挪威

5. 窮小子艾斯本

北大西洋

蘇格蘭

北海

6. 貝奧武夫

丹麥

北愛爾蘭

愛爾蘭

英國

英格蘭

威爾斯

我造訪了安特衛普市的布拉波噴泉，這座噴泉是為了紀念這位英雄的勝利。

17. 布拉波

荷蘭

7. 丹麥人荷爾格

我去參觀了克倫堡的地窖，聽説荷爾格就在此沉睡。

德國

英吉利海峽

比利時

法國

盧森堡

16. 紅帽

捷克

10. 古德蘭

瑞典

9. 西格德

芬蘭

11. 維納莫寧

波羅的海

8.
瑪格芮塔伯爵夫人

愛沙尼亞

12. 卡列維波埃格

俄羅斯

拉脫維亞

立陶宛

15.
史碧約娜

13. 格拉齊娜

北歐

波蘭

14.
克拉科夫的小號手

我在聖母聖殿聽見了令人
難以忘懷的〈聖瑪麗亞的
黎明〉。這段五聲音階小
號樂曲是用來紀念一位老
哨兵。

白俄羅斯

北歐

真是好運！有人付錢請我把一架全新的「德哈維蘭狐蛾」雙翼飛機送去給一位瑞典的伯爵夫人。我相信她不會注意到，我為了聽取更多故事，偷偷在路上停留了好幾次。學會駕駛飛機真是太幸運了！我造訪了許多國家，也漸漸開始了解，故事不分國界，英雄常同時存在於不同的文化。

1. 壯漢葛雷蒂： 根據冰島史詩《壯漢葛雷蒂》記載，奧斯蒙之子葛雷蒂還是嬰兒時就非常強壯。他打倒巨人老卡爾，以及北歐神祇奧丁派來的狂戰士。此外，他還殺死了瑞典巨人格拉姆。沒想到，格拉姆的鬼魂回來復仇。而最終，葛雷蒂害死了自己。

2. 紅髮艾瑞克： 艾瑞克・索爾維德森（西元950－1000年）急躁、勇敢，又充滿冒險精神。他頂著一頭狂野的紅色頭髮，所以綽號就叫做「紅髮」。他從挪威航行到冰島，卻被冰島國王放逐，艾瑞克只好帶著一群勇士再度橫渡大海。跟他一起旅行的還有他的三個兒子：索爾瓦、索恩汀、萊夫，還有女兒：弗蕾迪絲。艾瑞克一家人最後定居在滿是冰雪與岩石的島嶼上，艾瑞克為了吸引人們移居，把島嶼取名為格陵蘭，意思是「綠之地」。

3. 艾瑞克之女──弗蕾迪絲： 弗蕾迪絲在兄長萊夫的帶領下來到文蘭（也就是今日的美洲）。不久後，弗蕾迪絲提議再次發起探險，追尋財富和榮耀。起初，弗蕾迪絲和她的冒險夥伴與美洲原住民保持和平的關係，但最後仍起了衝突。原住民戰士襲擊營地，而這位無所畏懼的盾女揮舞著長劍並大聲怒吼，根據薩迦史詩，敵人被嚇得落荒而逃。

4. 博德瓦・比亞基： 博德瓦・比亞基是史詩《羅爾夫・克拉基》中的英雄。雖然這是一部冰島薩迦史詩，但傳說博德瓦是挪威人，這部史詩也可能由挪威詩人所作。博德瓦在戰友奮勇作戰時，神祕地陷入沉睡，就連國王大廳失火也沒有醒來。不過，他的靈魂則在戰場上，以巨熊的樣貌和國王並肩作戰。

5. 窮小子艾斯本： 在挪威民間故事中，窮小子艾斯本是三兄弟中的小弟，綽號叫靴子。他有驚人的冒險經歷，運用智慧而非蠻力來贏得勝利。在一個故事裡，他跟收藏了許多寶物的山妖進行大胃王比賽，贏得巨大的財富。

6. 貝奧武夫： 貝奧武夫是歷史悠久的英國傳說，這段故事大概在西元750－950年之間完成，講述吉特部落（位於今日的瑞典）英雄貝奧武夫的事蹟。傳說，這位英雄沒用任何武器就殺死了巨人格倫戴爾。之後，他在水底巢穴中找到格倫戴爾的母親，她跟格倫戴爾一樣可怕。最後，貝奧武夫在與巨龍搏鬥時不幸喪生。

7. 丹麥人荷爾格： 丹麥人荷爾格是位戰士，英勇對抗查里曼大帝，守護丹麥。傳說荷爾格沉眠於克倫堡地窖，在人民最需要他的時刻甦醒。

8. 瑪格芮塔伯爵夫人： 瑪格芮塔是17世紀貴族，來自瑞典南部的斯堪尼省。她堅持住進旅館中鬧鬼的房間。到了午夜，一個滿身是血的可怕鬼魂把她吵醒。這個幽靈看起來十分痛苦，好心的瑪格芮塔替它處理傷口。隔天早上，人們在地板下發現一具被人謀殺的男子屍體。眾人好好安葬了他，從此以後，這個房間就再也不曾鬧鬼了。

9. 西格德： 西格德是北歐古老史詩《沃爾松格傳》中的英雄。他的故事有各式各樣的版本，在冰島的《詩歌艾達》中更有超過二十首關於他的詩歌。到了德國，人們則稱他為齊格菲。許多西格德的傳說都圍繞著一只受詛咒的戒指。據說，這個戒指是洛基從一名叫做安德瓦利的矮人身邊偷來的。後來，西格德殺死了一頭巨龍，而巨龍的血讓西格德變得刀槍不入、智慧非凡，還能跟鳥類溝通。

10. 古德蘭： 在某些版本的西格德故事中，英雄的妻子古德蘭在西格德死去後徹底崩潰。更慘的是，她的新丈夫阿特利根本只是為了錢才跟她結婚。古德蘭和她的兄弟發起戰爭對抗阿特利，但她的兄弟卻不幸喪命。古德蘭於是對阿特利展開可怕而血腥的報復。

14.　15.　8.　6.　11.　16.　5.　1.　2.　3.

11. 維納莫寧：維納莫寧是芬蘭人十分尊崇的老者。人們認為他是英雄、巫師，甚至是神明。他是19世紀芬蘭史詩《英雄國》的主要角色。在一個故事中，他想要叫醒沉睡的巨人安德洛•維布寧，卻被巨人吞進肚裡。維納莫寧在巨人肚子裡建了一個鍛造爐，火焰的高溫讓巨人開始咳嗽，把維納莫寧咳了出來。

12. 卡列維波埃格：根據愛沙尼亞的民間傳說，巨人卡列維波埃格善良而慷慨，願意信任、保護別人。他耕種土地，建造城鎮，對抗邪惡，並完成許多任務。期間，他曾受一隻名叫西爾的無毛小動物幫助。卡列維波埃格為了回報西爾，送牠一件帶刺的外套，刺蝟因此獲得身上的刺。

13. 格拉齊娜：立陶宛女英雄格拉齊娜發現自己的丈夫正在和條頓騎士團密謀攻擊國王。於是，格拉齊娜穿上丈夫的盔甲，假裝成他，率領軍隊對抗入侵者。她在戰爭中戰死，但順利擊敗了條頓騎士，維護了家族的榮譽。

14. 克拉科夫的小號手：這個故事來自13世紀波蘭的克拉科夫。曾經有一位老哨兵發現遠方有一團煙塵，意識到那是軍隊入侵，於是立刻吹響小號。多虧他的機警，鎮民才有足夠的時間保護自己的城市。至今，克拉科夫人依然每天吹響小號來紀念這位小號手。

15. 史碧約娜：在波蘭的民間傳說中，巴爾泰克王打算要娶一名叫做碧約卡的女子，但國王跟宮廷小丑交換身分來測試她。碧約卡對假王子百般奉承，對國王假扮的小丑則十分無禮傲慢。反倒是碧約卡的姊妹史碧約娜對小丑和國王都一樣尊重，於是巴爾泰克改跟史碧約娜結婚。

16. 紅帽：19世紀時，格林兄弟在德國旅行，一路上收集了許多民間傳說，其中有些成為歐洲最著名的故事。很多人都知道紅帽又叫小紅帽，但很少人知道，在最原始的故事中，小紅帽在野狼肚子裡塞滿石頭，藉此殺死惡狼。

17. 布拉波：巨人安蒂固威脅水手，必須付錢才能進入比利時的安特衛普。如果水手無法支付，就要砍掉他們的雙手。後來，一名叫做布拉波的羅馬士兵拒絕付錢。巨人很生氣，要求跟布拉波決鬥，卻敗在布拉波手下。布拉波把巨人的頭跟手丟進了須耳德河。

明天我將乘坐巴士，跟一群正在度假的德國人一起前往海邊，但今晚卻發生了非常奇怪的事：我突然有一股強烈的衝動，想讓家人知道我過得很好。於是我買了一張印著山羊圖片的明信片，我翻過明信片，正打算開始寫，卻發現上面已經有了一行字：

ᚲᚢᚨᛉᚨᚢᛖᛞᛏᛁᚾᚾᚲ
ᚾᚲᚢᛖᚲᛖᛏᛉᚺᛉᚾᚲᛏᚱᚨᛖᚲᚢᚾᛞ
ᛁᛈᛊᛈ

我還是不知道是誰想傳訊息給我，也不知道他們想說什麼。

薩迦

「薩迦」這個詞來自北歐古語，意思是「所說的話」，通常指那些源於北歐、日耳曼和冰島的歷史和傳說，這些漫長而曲折的故事往往跟家族、旅行、世仇、戰爭、國王與王后有關。世界上有許多薩迦，有些非常知名。

起初人們可能透過口耳相傳，或靠著吟遊詩人來交流，把薩迦跟節慶、祭典結合在一起，直到13世紀才有人記下這些故事。在冰島的農莊，「薩迦娛樂」的傳統從中世紀一直延續到今日，全家人會聚集在火爐邊，大聲傳誦這些故事。一些廣為人知的薩迦包括：

《詩歌艾達》：集錄北歐諸神與英雄冒險的詩歌。

《貝奧武夫》：關於吉特英雄貝奧武夫的古英文詩歌。

《沃爾松格傳》：講述沃爾松格家族的故事，包括西格德，以及受到詛咒的戒指安德華拉諾特。

《文蘭薩迦》：包含兩部冰島薩迦：《格陵蘭人薩迦》和《紅髮艾瑞克薩迦》。萊夫•艾瑞克在北美洲發現了葡萄藤，於是把這個地方叫做「文蘭」，文蘭在北歐古語中的意思是「葡萄酒之地」。

我猜海蓮娜可能不小心買到已經用過的明信片，但遊客寫的是什麼？這些訊息到底從何而來？我還在努力解讀密碼。

——愛莉西亞

大不列顛
與
愛爾蘭

奧克尼群島

北大西洋

北海

蘇格蘭

12. 詩人湯瑪斯

11. 蜜爾‧埃‧克里班

北愛爾蘭

羅賓漢讓我想起中國《水滸傳》裡的不法之徒，我想每個人都喜歡善良的壞蛋！

——愛莉西亞

3. 芬恩‧麥庫恩

愛爾蘭

2. 梅芙

9. 歐文‧
格林杜爾

10. 羅賓漢

「偷窺湯姆」的故事在此地流傳，湯姆是一名偷看歌黛娃夫人的男子，他因為偷窺而受到懲罰，被人戳瞎了眼睛。

威爾斯

英格蘭

1. 庫丘林

愛
爾
蘭
海

8. 芮安娜

7. 歌黛娃夫人

英國

4. 亞瑟王

5. 梅林

6. 布狄卡

凱爾特海

許多故事都描述一種特別的英雄，他們陷入沉睡，直到人們需要時才清醒，例如歐文‧格林杜爾，及丹麥人荷爾格。

——愛莉西亞

我在經過倫敦的途中，看到一些正在挖洞的工人，我看到地表之下有一層燒焦的土壤，工人說布狄卡的火曾經燒到這個地方。

英吉利海峽

48

大不列顛與愛爾蘭

渡輪駛進都柏林港，險些誤點。我身上的錢用光了，航程中不得不在船上的廚房打工。我很害怕他們發現我不是真正的廚師，但奶奶教過我一些基本廚藝。跟我一起工作的廚師來自世界各地，每個人都有自己的故事。在英格蘭，我替一位有錢的女士當司機，我開車載她到蘇格蘭。她也喜歡故事，並在路上跟我説了一些新的故事。

1.庫丘林： 庫丘林有不少傳説故事，他出現在蘇格蘭和曼島的民間傳説中。不過，他最出名的事蹟出現在愛爾蘭古老神話《厄爾斯特故事集》當中，他在裡頭中扮演關鍵主角。這些故事非常古老，差一點失傳，直到7世紀一位名叫賽肯·托皮斯的吟遊詩人，才讓這些傳説再次流行起來。

2.梅芙： 梅芙是愛爾蘭康瑙特省的強大女王，同樣出現在《厄爾斯特故事集》中。她最知名的事蹟來自神話傳説《奪牛長征記》（又稱《庫利牛長征記》）。她在故事中率領軍隊對抗厄爾斯特。她出現時，肩膀上通常坐著一隻松鼠和一隻小鳥。

3.芬恩·麥庫恩： 芬恩·麥庫恩（又叫做芬恩·麥庫爾）睿智而勇敢，是愛爾蘭《芬尼亞故事集》中的英雄，出現在許多故事與詩歌當中。這些故事透過吟遊詩人口耳相傳，直到西元1200年左右才有文字紀錄。芬恩一出生就是傳奇，他的知名壯舉包括在北愛爾蘭建造巨人堤道，而且還擊敗了會噴火的哥布林：埃倫。

4. 亞瑟王： 亞瑟是一位傳奇國王，從威爾斯到不列塔尼都有人傳誦他的豐功偉業。蒙茅斯的傑佛瑞等古代學者宣稱亞瑟是真實歷史人物，對抗入侵的撒克遜人，但也有人懷疑這種説法，認為亞瑟來自傳奇故事。到了中世紀晚期，人們認為亞瑟是一位領袖，領導一群深具騎士精神的騎士。在英國，許多地方都有自己的亞瑟傳説。

有些認為他從湖中女神手上得到了王者之劍，其他人則認為那把劍是他從石頭中拔出來的。

5.梅林： 梅林是亞瑟王傳説中最廣為人知的人物，也是凱爾特傳説中的睿智英雄。他出現在英國及法國西部的民間傳説中。有人説他是各種人物形象的綜合體，所以在故事中，梅林可能是巫師、先知、將領，甚至是瘋子。學者蒙茅斯的傑佛瑞（死於西元1155年）認為梅林是亞瑟的顧問。而在威爾斯，人們傳説梅林（在威爾斯語裡叫做米爾汀）年輕時就已經擁有勝過沃帝根王的智慧。

6.布狄卡： 愛西尼部族的女王，在西元60年起兵反抗壓迫他們的羅馬入侵者。布狄卡和她的軍隊攻陷科爾切斯特，然後進軍倫敦，將整座城燒個精光。最終她在維魯拉米恩（今日的聖奧班斯）附近落敗。她的名字至今依舊是傳奇。

7.歌黛娃夫人： 歌黛娃懇求她貪婪的丈夫不要對考文垂的百姓課重稅。丈夫表示如果歌黛娃願意光著身體穿過小鎮，他就同意她的請求。於是，歌黛娃就披著一頭長髮，行經考文垂大街，一路上門窗緊閉。史料證明歌黛娃曾生活在11世紀的英國，但沒有留下任何關於這次遊街的資料。

8.芮安娜： 芮安娜是來自「他界」的威爾斯女英雄，也是著名的騎士。她曾和凡人王子普許比賽騎馬並贏得勝利，兩人最後結為夫妻。後來，有人綁架了他們的兒子普德里，並指控芮安娜謀殺親生兒。她的懲罰是背負往來行經的旅行者，直到多年後，普德里活著歸來，統治德韋達郡。

9.歐文·格林杜爾： 生於西元1359年，曾經統治威爾斯地區。西元1400年，他起軍反抗英格蘭的亨利四世，宣稱自己是威爾斯全區的親王。人們至今仍不斷讚頌這項事蹟。傳説他陷入沉睡，直到威爾斯需要他時，才會甦醒。

10.羅賓漢： 羅賓漢的傳説非常豐富，故事主角是他和一幫嘻嘻鬧鬧的不法之徒。他們不但劫富濟貧，還一次又一次戰勝邪惡的諾丁漢郡長和壞國王約翰。也有些故事講述羅賓漢的愛人——少女瑪麗安，她也有著自己的冒險故事。

11.蜜爾·埃·克里班： 在蘇格蘭民間故事中，蜜爾（又叫做莫莉·惠普）是三姊妹中的老么，家境貧窮。三姊妹被巨人抓走，但順利靠著蜜爾的計畫脫困。逃跑之後，蜜爾回頭偷走巨人的劍、錢包和戒指。雖然不幸被巨人抓到，但她靠著欺騙巨人的妻子再次逃脫。

12.詩人湯瑪斯： 好幾世紀以來，人們不停歌頌「真誠湯瑪斯」的故事。傳説，他跟妖精女王一同騎馬來到精靈之鄉，並把頭枕在女王的膝蓋上睡著了，睡夢中，他看見兩條路，一條通往美德，一條通往邪惡。在那之後，湯瑪斯便獲得預言的天賦。人們認為這個傳説源自13世紀的蘇格蘭詩人湯瑪斯·利爾蒙特。

明天我將搭乘渡輪穿過英吉利海峽，前往法國。房東太太替我用茶葉占卜，而茶葉排成了以下形狀：

ᛁᚷᚾᛈᛈᛞᚨᚱᛋᚲᛟᛋᛁ

ᛁᚷᚲᚾᛈᛋᚷᛁ

ᚾᛈᛞ ᚾᛈᚲᚢᚲᛈᛞ

ᛁᚾᚷᛈᚲᛁᚷᛋᛈᛏᛁᛏᛟᛋ

ᛈᚾᛈᚲᛈᛁ

房東太太宣稱，這表示我將「旅行到遠方並遇見一個陌生人」。我想這已經發生夠多次了！

> 救命！我也收到了。
> 這些符號出現在我的學校作業本中——就在我準備要寫演講稿的地方！
>
> ——愛莉西亞

比利時

盧森堡

7. 羅蘭

8. 威廉·泰爾

北大西洋

5. 聖女貞德

法國

6. 狡狐列那

摩納哥

3. 熙德

安道爾

4. 聖喬治

葡萄牙

西班牙

1. 阿美達的布里齊絲

2. 阿林特羅的胡安娜

南歐

我在這裡吃了甜甜的蜂蜜蛋糕，想起了麵包師布里齊絲。

德國

波蘭

14.
弗拉斯塔

15.
尤拉伊·亞諾希克

捷克

斯洛伐克

17. 波德佩特

9. 巴巴羅薩

16. 胡諾與馬戈

奧地利

匈牙利

列支敦斯登

瑞士

斯洛維尼亞

羅馬尼亞

10.
卡諾莎的
瑪蒂爾達

塞爾維亞

18.
龍公弗拉德二世

克羅埃西亞

13.
鴿子新娘

波赫

我站在波納里城堡
的壁壘上，想像龍
公弗拉德正環視他
的國家。

聖馬利諾

19.
馬可·卡拉列維奇

義大利

亞得里亞海

蒙特內哥羅

保加利亞

科索沃

科西嘉
（法國）

梵蒂岡

馬其頓

薩丁尼亞
（義大利）

阿爾巴尼亞

11. 安德魯克里斯

希臘

地中海

西西里
（義大利）

12. 伊尼亞斯

馬爾他

南歐

我已經回到家附近了，對這一帶的英雄也越來越熟悉，有些我以前就聽過了。但儘管如此，還是有很多我從來沒聽過的故事。這提醒了我，就算是離家不遠的地方，還是有很多東西值得我們學習。

---

4. 聖喬治： 聖喬治是一位守護神，同時守護著八個國家，非常受人歡迎。他的英雄事蹟被寫成數十個故事。一般相信他是西元3世紀的人，出生在今日的土耳其。他最著名的事蹟是擊敗住在利比亞希林城的巨龍。

5. 聖女貞德： 在法國，曾有一位年輕的農村女孩名叫聖女貞德（西元1412－1431年）。她相信自己的使命是要領導法國軍隊，於是她剪掉頭髮，穿上男人的衣服，說服王子給她盔甲和馬匹。她在戰場上領頭衝鋒，但最終因為被人認為是異端而遭到處死。

6. 狡狐列那： 狡狐列那機智又叛逆，牠的冒險故事在歐洲各地傳誦，其中在法國又特別有名。在法國，這位騙子英雄經常運用智慧打敗貪心、蠢笨的敵人，譬如「惡狼」伊森格林。

7. 羅蘭： 《羅蘭之歌》是一部法國史詩，寫於西元1100年左右。羅蘭是查里曼大帝手下最勇敢的年輕騎士，卻不幸受騙，落入敵軍埋伏。羅蘭英勇奮戰，直到大勢已去才吹響號角呼叫援軍。羅蘭戰死沙場，但查理曼大帝聽到他的號角警告，平安返家。

8. 威廉·泰爾： 曾經有位邪惡的暴君把自己的帽子放在旗竿上，強迫瑞士人向帽子鞠躬。知名弓箭手威廉拒絕這麼做，於是暴君抓走了威廉的兒子，並在男孩頭頂放上一顆蘋果，脅迫威廉用箭射穿蘋果。威廉成功命中，但國王仍下令逮捕，並把他送上囚犯船。威廉逃脫之後殺死了暴君，開啟瑞士的叛亂。

9. 巴巴羅薩： 腓特烈一世（西元1123－1190年）又叫做巴巴羅薩，他的鬍子又長又紅，終生行善奉獻。根據傳說，他至今仍在德國吉福豪澤山洞中的一張大理石桌子旁邊沉睡。據說只要他的鬍子長到可以繞桌子三圈，他就會甦醒，準備拯救他的人民。

10. 卡諾莎的瑪蒂爾達： 卡諾莎的瑪蒂爾達（西元1046－1115年）的父親是強大的領主，卻在女兒六歲時被人暗殺。瑪蒂爾達的母親再婚，瑪蒂爾達則被安排嫁給養父的兒子，但她不肯接受，解除了婚約，來到義大利的托斯卡尼，親自統治她父親的土地。她甚至穿著盔甲率領軍隊參戰。

我們家的書架上就放著《伊尼亞斯逃亡記》，這本書由古羅馬詩人味吉爾所寫。他的目標是寫一部羅馬史詩，就像荷馬的《伊里亞德》和《奧德賽》。

——愛莉西亞

---

1. 阿美達的布里齊絲： 布里齊絲是勇敢無畏的女性，生活在中世紀的葡萄牙。布里齊絲的父母過世後，她便四處旅行，學習用劍戰鬥。她曾被海盜俘虜，但順利逃脫並回到家鄉，成為麵包師。在1385年的阿爾如巴羅塔戰役中，七名敵軍士兵躲進布里齊絲的烤爐，而她用麵包鏟解決了這群人，幫助葡萄牙對抗入侵者。

2. 阿林特羅的胡安娜： 胡安娜是15世紀的西班牙人。她的父親沒有兒子可以送去參軍，於是胡安娜剪掉了頭髮，穿上男人的衣服，自己登記從軍。這位「勇敢的騎士」在多次戰役中證明了「他的」勇氣。後來，伊莎貝拉女王發現了真相，十分嫉妒胡安娜的境遇。有人說胡安娜被女王的刺客殺害，其他人則相信她逃過一劫，從此過著幸福快樂的生活。

3. 熙德： 羅德里戈·迪亞斯（西元1043－1099年）的故事一直流傳到今天，人們通常稱他為「熙德」，意思是「大人」。他二十二歲時被國王任命為卡斯提爾軍隊指揮官。國王吉世以後，熙德在外流亡多年，效命於沙拉哥薩的穆斯林君主。最後，他好不容易返回卡斯提爾，征服瓦倫西亞地區。

11. 安德魯克里斯： 安德魯克里斯原本是羅馬奴隸，後來逃離敵人的控制。途中，他遇到一頭咆哮的獅子，他雖然害怕，仍勇敢拔下獅子腳上的刺，而獅子也滿心感激的離開了。後來，安德魯克里斯又被羅馬人俘虜，還被丟到競技場跟野獸搏鬥。沒想到，等著跟他決鬥的野獸就是受他幫助的獅子，而獅子也拒絕傷害自己的新朋友。

12. 伊尼亞斯： 伊尼亞斯王子是特洛伊戰爭的偉大英雄。戰爭結束後，他被迫流亡。而他在海洋與陸地上的種種冒險被後人寫成《伊尼亞斯逃亡記》。他最終定居在義大利，並有傳聞說他的後代建立了羅馬。

13. 鴿子新娘： 在斯拉夫民間傳說中，曾有一位公主不小心愛上被法術變成鴿子的青年。公主回家告訴父親這個消息，但鴿子卻消失了。公主四處尋找這隻鴿子，經過多年努力，最後終於找回失去的愛人。

14. 弗拉斯塔： 在廣受愛戴的莉布絲女王過世後，波希米亞（歷史中一個位在中歐的王國）的男性都非常欣賞她丈夫殘酷的統治手段。但女王生前的貼身侍女弗拉斯塔則率領一群女性，起身反抗國王的暴政，這場戰爭稱為「少女之戰」。

15. 尤拉伊·亞諾希克： 尤拉伊·亞諾希克生於特赫瓦，位於現代的斯洛伐克。他原本是士兵，後來遇上一群強盜，並成為他們的首領。這群強盜總是把戰利品分給其他人。雖然尤拉伊最終被捕，但劫富濟貧的強盜傳說已然誕生。

16. 胡諾與馬戈： 胡諾與馬戈是偉大統治者尼姆洛之子。他們都熱愛狩獵。有一天，他們發現一隻鹿角閃閃發光的神祕白鹿，於是起身追捕。追著追著，兩人來到一個美麗的國家，並在此建造神殿，而兩人的後代則建立了匈牙利這個國家。

17. 波德佩特： 僕人波德佩特的故事在羅馬人之間流傳。傳說，這位僕人在巨龍面前出手保護王子跟公主，卻被說成是要密謀要殺害他們。他明知說出祕密的代價是變成石頭，但他仍向大家揭露真正的危險其實是那條巨龍。最後，後悔的王子終於找到辦法幫助他忠實的友人恢復正常。

18. 龍公弗拉德二世： 對羅馬尼亞人而言，弗拉德二世是位英雄。他不僅統治中世紀大公國「瓦拉幾亞」，而且還是卓越的領袖與戰士，擊退來犯的侵略者。

19. 馬可·卡拉列維奇： 有些故事謠傳來自塞爾維亞的馬可（西元1335–1395年）其實是妖精女王和巨龍之子。這位王子非常誠實公正，大家都很尊重他的裁決，還為他創作了許多民謠，記錄他的冒險，其中有些故事的主角是他那匹會說話的馬兒：撒拉茲。

我一直以為「穿刺公」弗拉德是暴君。我曾經讀過布拉姆·斯托克根據弗拉德所寫的吸血鬼小說《德古拉》，但這本書對他的描述非常不同。我發現許多英雄都曾打過仗，而誰算「英雄」取決於你站在衝突的哪一方！

——愛莉西亞

我花了很多時間跟這個地區的人們交換故事。我已經離家兩年，而家門就在眼前，但我還不能回去，我還得探索廣大的俄羅斯。而且……要是家人不想見我，那該怎麼辦？老實說，其實是我不敢面對他們。

我乘坐的這輛馬車堆滿了麻袋，上頭全都印著同樣的訊息：

ᚾᛟᚲᚢᚲᛞᛖᛞᚲᛁᛁ
ᚲᛣᛣᚲᛞ ᛣᚲᛈᛣᛉ
ᛁᛣᛈᛟᚲᛞᚾᛣᛉᛉ

我還是搞不懂那是什麼意思。

我想我永遠沒辦法破解這些密碼！

——愛莉西亞

巴倫支海

卡拉海

L = ◊

3. 伊凡·艾希布洛

薩德科選擇與朋友、家人在一起,而不是跟公主結婚。或許這也是一種英雄行為?

1. 諾夫哥羅的薩德科

2. 瓦西麗莎

14. 阿羅夏·波波維奇

9. 埃達·科賽

15. 木羅的伊利亞

16. 多布雷尼亞·尼基季奇

13. 基輔的奧麗加

烏克蘭

11. 喬治亞的塔瑪麗女王

這裡的人都很喜歡埃達·科賽,因為他總能讓大家哈哈大笑。

哈薩克

10. 戈烏格利

8. 瑪納斯

摩爾多瓦

喬治亞

亞美尼亞 · 亞塞拜然

裏海

土庫曼

吉爾吉斯

烏茲別克

土耳其　12. 哈伊克

塔吉克

黑海

敘利亞

伊拉克

伊朗

阿富汗

拉普提夫海

東西伯利亞海

4. 母馬之子伊凡

俄羅斯

5. 邁恩

6. 阿爾婷-阿麗

鄂霍次克海

蒙古

7. 格薩爾王

日本海

日本

北韓

南韓

中國

俄羅斯
與
中亞

俄羅斯與中亞

俄羅斯是個廣大且令人敬畏的國家。黑漆漆的森林連接閃閃發亮的城市，城裡的建築有著明淨的城牆與洋蔥狀的屋頂。滿是冰霜的荒原一下轉為沙漠，以嚴酷的冰寒和熾熱的高溫衝擊著旅人。人們口中的英雄往往十分堅強，足以對抗惡劣的環境。但有時候，在那些最苦寒的日子裡，我不知道自己是否能像這些英雄一樣勇敢。

1. 諾夫哥羅的薩德科： 薩德科的英雄事蹟出自諾夫哥羅的一部口傳敘事詩（史詩）。他是一位優秀但貧困的音樂家，在城市中四處演奏。有一次，海王邀請他到海底的宮殿演奏。事後，海王表示如果他願意留下，就將女兒沃爾霍夫河嫁給他，不過這位音樂家因為思念家鄉而拒絕。海王於是送他一條黃金打造的魚作為回報，讓他成為諾夫哥羅最富有的人。

2. 瓦西麗莎： 瓦西麗莎的母親去世前，曾送女兒一個魔法娃娃。儘管瓦西麗莎的繼母和姊姊非常殘忍，對她很壞，瓦西麗莎仍細心照顧這個娃娃，用以紀念母親。有一次，繼母派瓦西麗莎進入森林，表面上是要她去向女巫芭芭雅嘎求一盞燈，其實是希望女巫能把瓦西麗莎吃掉。芭芭雅嘎給瓦西麗莎一個不可能的任務，但在娃娃的幫助下，瓦西麗莎順利完成任務。芭芭雅嘎只好放她回家，並給

她一盞骷髏頭燈。後來，這盞骷髏燈把繼母和姊姊燒成灰燼。

3. 伊凡·艾希布洛： 伊凡英俊、聰明、堅強，卻長了一雙雞腳。他完成了不可能的任務，娶回沙皇的女兒。不料，他的妻子卻趁他睡著時，砍下那雙令她羞恥的腳爪。傷心欲絕的伊凡四處徘徊，遇見了沒手沒腳的男子托洛克。後來，伊凡發現一個魔法泉，兩人便靠著泉水重新長出手腳。

4. 母馬之子伊凡： 這個故事來自西伯利亞的鄂溫克人。母馬之子伊凡打敗了可怕的巨蛇，救出妻子瑪菲妲與母親。傳說，他的母親雖然是一匹馬，卻有著讓兒子起死回生的能力。

5. 邁恩： 在西伯利亞鄂溫克人的故事中，曾經有一頭巨大的麋鹿用鹿角刺穿太陽，偷偷帶回家，讓世界陷入黑暗。邁恩飛上天空追捕麋鹿，將牠射下，世界重歸光明。然而麋鹿每天晚上都會回來，試圖偷走太陽，因此邁恩只好留在天上，防止事件重演。

6. 阿爾婷－阿麗： 西伯利亞的哈卡斯族流傳著許多強悍女英雄的故事。其中最重要的就是阿爾婷－阿麗。她的故事出自英雄詩歌《白石邊出生的阿爾婷－阿麗》。阿爾婷的父親拒絕在死後把國家交給女兒統治，阿爾婷只好離家尋找自己的命運。她走進沙皇巨蛇張開的大嘴，擊敗了這頭怪物。

7. 格薩爾王： 蒙古和西藏的吟遊詩人至今仍在傳唱一首關於偉大格薩爾王的千年史詩。他來到世間終結所有不公不義，和三十三名勇士並肩對抗惡魔，為「嶺國」贏得戰爭。格薩爾也是強大的術士，能夠變形成老虎。

8. 瑪納斯： 瑪納斯是吉爾吉斯最有名的英雄，當地居民至今仍非常熟悉他的故事。吉爾吉斯的誦者（稱為瑪納齊斯）在吟唱瑪納斯的故事時，往往可以唱上好幾個小時。傳說瑪納斯可以將樹木連根拔起、投擲巨石，還能跟巨人與巨魔戰鬥。而到了最後，他集結同胞，一同對抗敵人。

我讀過格薩爾王、戈烏格利和瑪納斯的偉大史詩。這些傳說由吟遊詩人傳誦多年，他們熟記這些故事，至今依舊能夠背誦傳唱。我猜這是人們在懂得寫字前保存故事唯一的方式。

──愛莉西亞

9. 埃達·科賽：埃達·科賽在哈薩克廣為人知，人們稱他「無鬚騙子」。他最喜歡欺騙富有但無知的人。在某個下雪的日子，埃達穿了一件滿是破洞的外套。途中，他遇見一位富有的貝伊（總督），並在他面前裝作很熱的模樣。他告訴總督，他身上的外套穿的可是一件魔法外套。貝伊想要買下外套，但埃達回答，要是把外套賣給他，那他就沒衣服穿了。於是，貝伊買下埃達的破爛外套，並把自己的毛皮大衣送給了他。

10. 戈烏格利：戈烏格利是土庫曼史詩《戈烏格利傳》中的英雄。傳說，戈烏格利與四十位騎士為了眾人的正義與自由而戰。史詩由傳統吟遊詩人（稱為巴格西）傳唱，他們配合樂器吟唱史詩，將詩歌流傳至往後許多世代。

11. 喬治亞的塔瑪麗女王：塔瑪麗十八歲時，她的父親喬治三世宣布塔瑪麗為共同統治者。這個消息讓國王的顧問十分困擾。六年後，1184年，國王吉世，塔瑪麗成為國王（當地沒有女王這個詞）。她為了保護自己的王位，與有權有勢的貴族爭鬥，最後靠著外交手腕和個人魅力取得勝利。

12. 哈伊克：有人說亞美尼亞的傳奇建國者哈伊克是巨人，有些則說他是聖經大洪水故事中諾亞的後代。哈伊克是偉大的戰士、技藝高超的弓箭手。他用一支三頭箭射中巴比倫軍隊的將領，並號召同胞團結成立國家。

13. 基輔的奧麗加：奧麗加公主出生於10世紀俄羅斯的普斯科夫，是個生性嗜血的女英雄。在她的丈夫被謀殺後，她決心復仇。敵軍首領馬爾王子派人強迫奧麗加嫁給他，但奧麗加將他們全部活埋。最後，她包圍了科羅斯坦城，並在鴿子身上綁硫磺，燒毀整座城市。戰爭結束後，奧麗加改信基督，最終被封為聖人。

我離家只有幾百公里。雖然我一度以為自己永遠不會回去，但我現在渴望見到我的家人，特別是奶奶，我非常、非常想念她。我甚至有點想念愚蠢又好笑的喬治！如今我就要回家了，但我跟當初逃跑時一樣害怕。如果他們不願意跟我講話怎麼辦？或者更糟……要是他們發生了什麼不好的事呢？

昨晚下了大雪。今天早上我走到外頭時，發現剛剛落下的純白雪粉組成了以下圖樣：

ᛉᛈᛞᚢ ᚳᛈᚫᛉᚷᚳᚳᛁ
ᛁᚷᚳᚫᛏᚳᛁ ᛇᚳᛏᛈᛉᛁ
ᛈᛞᚫ ᚳᛞᛈ ᛈᚷ ᚳᚳᛇᚳ

等我回家……如果家人願意讓我回去……我一定要想辦法解開這密碼。我知道這些符號想告訴我某些很重要的事情。

剛剛又發生一件奇怪的事。我在閣樓閱讀這些地圖，一箱聖誕裝飾突然掉了下來，裝飾彩帶散落一地，形成某種形狀，我發誓我有看過這些圖樣！
　　　　　　　——愛莉西亞

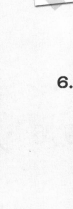

羅斯勇士

斯拉夫人偉大的口傳敘事詩多少都有史實根據，並在好幾世紀的大量渲染之下，成為美妙的故事。羅斯勇士類似騎士，包括當地某些最著名的英雄。其中最受歡迎的三位來自中世紀的基輔羅斯，也就是第一個斯拉夫國家，勢力在11世紀達到頂峰。在這些史詩中，阿羅夏、伊利亞和多布雷尼亞彼此作伴，一同旅行，但也常常吵架。

14. 阿羅夏·波波維奇

傳奇的羅斯勇士、基輔騙子，靠著機智擊敗敵人，連比他強壯的騎士也敗在他手下。阿羅夏發現，無人能敵的巨龍「都加林」其實有雙紙做的翅膀，於是他開始祈雨。後來，都加林的翅膀因為濕掉而解體，阿羅夏便輕鬆殺死這頭怪物。

15. 木羅的伊利亞

農家出身的伊利亞小時候不會走路，沒有人料到他會成為俄羅斯最英勇的羅斯勇士。長大後，他奇蹟似地康復，騎著速度快如風的魔法馬兒踏上旅途。後來，伊利亞擊敗可怕的夜鶯大盜。這隻怪物住在樹上，用刺耳的鳥鳴殺人。

16. 多布雷尼亞·尼基季奇

多布雷尼亞是俄羅斯民間傳說中第三有名的羅斯勇士。他和巨龍「加林尼奇」達成協議，答應對方他不會殺死牠的寶寶，而巨龍也不可以再偷走人類的孩子。但是後來，加林尼奇破壞承諾，綁走一位公主，多布雷尼亞因此殺死了巨龍。不料，土壤無法吸收怪物的血液，把多布雷尼亞給困住了。突然間，一個神祕的聲音告訴他，只要用長槍擊打地面並誠心祈求，大地之母就會吸收那些血液。英雄照辦，救了自己一命。

1935年7月2日

回到家的感覺真奇怪。敲門的時候，我竟然覺得緊張，甚至有點害羞。家人會生氣嗎？他們有十足的理由生氣，畢竟我害他們在親友、鄰居面前丟臉。要是他們跟我斷絕關係怎麼辦？仔細想想，我趁著夜晚偷偷逃跑，偷走聘金，而且除了幾週前的那張明信片，整段旅程我都沒寫信回來。

我無法忘記他們臉上的表情。媽媽起初很生氣，但隨後又欣喜若狂。爸爸哭著給了我大大的擁抱。馬可斯、尤絲蒂娜和葛列格一臉懷疑地看著我，另外還有一點……我想是羨慕吧。尤絲蒂娜已經是亭亭玉立的少女了呢。

只有奶奶不願跟我說話，她甚至不肯正眼看我。真希望她能接受我，我好想告訴她我這一路上的發現。我花了好多時間研究那些奇怪的訊息（我現在知道那些形狀真的有意義）。我想和最親愛的奶奶分享研究的結果。

喬治在傍晚時也來了一趟。他不一樣了，變得更安靜、更沉著。他對當年的求婚感到抱歉。他擔心自己太無趣，所以才盛裝打扮，並找來那支愚蠢的樂隊。我們最後聊了很長的時間。

我的房裡放著一個花瓶，裡頭裝滿快要凋謝的花。花瓣掉到窗檯上，形成以下奇怪的形狀：

ᛈ ᛁᚷᚲᛒᚺᚢ ᚷᚲᚲᛁ ᛞᚲᚷ ᚲᛞᚷ ᚲᛞ ᛈ ᚷᚲᚷᚲᚷᛁ ᛉᛒᚲᚷᛘᛈᛞᚲᛞ ᛈ
ᛏᛞᛁᚷᚲᛈᚷ ᛈ ᛞᚲᚾ ᚾᛈᛈᛈᚲᚷᚲᛒ ᛘᚲᛏᛈᛞᛁ

我回顧了過去的筆記，這才發現，原來答案一直就在那裡！現在我終於知道那些符號是什麼意思了。

海蓮娜·賽德里

後記：奶奶剛才來敲了我的房門。我向她請求原諒，但她說她不是在氣我離開，而是在氣我沒帶她一起去！回家真好。

海蓮娜離家那麼久，要重新面對家人肯定需要很大的勇氣。而我卻為了區區一次班級演講就想要逃家！我回頭檢查了那些地圖，現在我明白那些符號的意思了。答案一直就在我眼前！

——愛莉西亞

1937年7月18日

今晚下班後，喬治跟我在阿戈拉出版社門口見面。我給他看了我替雅典觀光導覽書所畫的新插圖。此外，我也告訴他我的決心：總有一天我要把我的旅行寫成一本書。他聽到以後竟然沒有笑我。接著，我們去散步，一邊走一邊聊太平洋上的英雄傳說。喬治這陣子讀了很多書，我們談到了坦吉亞和卡里卡，非常有趣。

1939年9月3日

兩天前，德國總理希特勒入侵波蘭。這個消息令人擔憂，雅典街頭瀰漫著不安的氣息。我和喬治來到海邊的波賽頓古神廟，雖然沒辦法躲一輩子，但至少可以暫時遠離沉重的氣氛。我們遠眺大海，潘妮洛普當年或許也是這樣看著海面，暗自決定要對抗每一個傷害家園的人。令我出乎意料的是，喬治竟然向我求婚！這一次，我接受了。我們都長大了，也都準備好了。

1941年6月16日

這場戰爭會結束嗎？納粹控制了雅典，城內食物稀少，所有人都很擔心，不知道這些軍人接下來會對我們怎麼樣。有人說要反抗，但那十分危險。占領軍會逮捕或殺害任何反對他們的人。

1941年8月20日

我和喬治在頂樓架設無線電基地臺。總得有人幫忙蒐集、傳遞國內各地反抗軍的消息。

這麼做極其危險，敵軍有裝備可以偵測反抗軍的無線電，但我們已經盡力隱藏訊號了。如果被發現，就是死路一條。我試著回憶那些男女英雄所教我的事情。我不能失去勇氣。

我說服奶奶和其他家人搬去史蒂芬諾叔叔家，他們住在城市的另一頭。我不能讓他們陷入險境。

我們在屋頂上架設臨時天線，一隻鴿子從小洞飛進閣樓，腳上綁了一張紙條，上頭寫著：

ᚾᛁᛈᚷ ᚢᚲᛗ ᚥᚲ ᛏᛁ ᛉᚲᛏᚻᛁᚷ

收件人：馬可斯・賽德里
（埃及開羅，希臘陸軍，1941年11月4日）

馬可斯，

趁我有空，我有事要跟你說（答應要幫我帶這張紙條出國的朋友馬上就必須離開），願上帝保佑他能在開羅找到你。我們都很好，除了可憐的海蓮娜和喬治。他們在上週四被敵軍發現了。我們聽到消息都非常難過。

尤絲蒂娜

NC NTOO PONPVI XC
NTXX XXTN
⚡ POᛉX

我現在知道為什麼柯希瑪阿姨會說海蓮娜的故事很悲傷了。我花了好多時間閱讀海蓮娜的旅行紀錄，感覺我好像真的認識她。我剛剛在行李箱的祕密夾層中找到這張便條，我想海蓮娜的哥哥馬可斯在埃及收到這則訊息時，一定也跟我一樣驚訝。

——愛莉西亞

　　我知道學期末的演講要說什麼了。雖然還是有一點擔心，但這是所有人都該知道的事情。曾姑婆海蓮娜和喬治姑丈公就跟那些英雄一樣勇敢。如果他們能挺身反抗納粹，那我至少要讓世界知道這個故事。我下定決心要和大家分享我的發現，我已經準備好面對恐懼，站在全班同學面前演講了。我倒要看看山德和珮翠是不是真的不想聽我的故事。

　　我為了演講，把地圖掃描進電腦，並加上現代的國家邊界，方便同學理解。接著，我想到一個更棒的主意。海蓮娜想把這些紀錄整理成書，讓我來想想辦法，看能怎麼幫她完成夢想！

　　昨晚我試穿了海蓮娜的飛行背心。雖然因為年代久遠而變得像紙板一樣僵硬，但我覺得很溫暖、很舒服。包在背心外頭的防塵紙髒兮兮的，衣服上也沾到許多奇怪的印記。我知道這麼說可能很傻，但我覺得那好像是海蓮娜留給我的訊息：

CVCƆXV ⚡COƆXPXTCX XPI TXI XCƆXCCI
XᛉXMX XCMXV TT XT ᚾXᛉ XMᛉXXX XMXCX

愛莉西亞・葛塔奇

索引